NÃO SEM
ESPERANÇA

Dados Internacionais de Catalogação na Publicação (CIP)
(Câmara Brasileira do Livro, SP, Brasil)

Halík, Tomáš
  Não sem esperança : o retorno da religião em tempos pós-otimistas / Tomáš Halík ; tradução de Markus A. Hediger. – Petrópolis, RJ : Vozes, 2018.
  Título original : Nicht ohne Hoffnung : Glaube im postoptimistischen Zeitalter.
  ISBN 978-85-326-5905-7
  1. Esperança 2. Teologia católica I. Título.

18-19393   CDD-234.25

Índices para catálogo sistemático:
1. Esperança : Cristianismo 234.25

Cibele Maria Dias – Bibliotecária – CRB-8/9427

Tomáš Halík

NÃO SEM
ESPERANÇA

O retorno da religião em
tempos pós-otimistas

Tradução de Markus A. Hediger

Título original tcheco: *Stromu Zbývá Naděje*
© 2009 Tomáš Halík

Traduzido do alemão: *Nicht ohne Hoffnung – Glaube im postoptimistischen Zeitalter*

Direitos de publicação em língua portuguesa – Brasil:
2018, Editora Vozes Ltda.
Rua Frei Luís, 100
25689-900 Petrópolis, RJ
www.vozes.com.br
Brasil

Todos os direitos reservados. Nenhuma parte desta obra poderá ser reproduzida ou transmitida por qualquer forma e/ou quaisquer meios (eletrônico ou mecânico, incluindo fotocópia e gravação) ou arquivada em qualquer sistema ou banco de dados sem permissão escrita da editora.

CONSELHO EDITORIAL

Diretor
Gilberto Gonçalves Garcia

Editores
Aline dos Santos Carneiro
Edrian Josué Pasini
Marilac Loraine Oleniki
Welder Lancieri Marchini

Conselheiros
Francisco Morás
Ludovico Garmus
Teobaldo Heidemann
Volney J. Berkenbrock

Secretário executivo
João Batista Kreuch

Editoração: Flávia Peixoto
Diagramação: Sheilandre Desenv. Gráfico
Revisão gráfica: Fernando Sergio Olivetti da Rocha / Nivaldo S. Menezes
Capa: Sergio Cabral
Ilustração de capa: ©Bildagentur Zoonar GmbH | Shutterstock

ISBN 978-85-326-5905-7 (Brasil)
ISBN 978-03-451-33087-2 (Alemanha)

Editado conforme o novo acordo ortográfico.

Este livro foi composto e impresso pela Editora Vozes Ltda.

Sumário

1 *Ground* Zero – A esperança no marco zero, 7

2 A crise atual, 20

3 Retorno da religião?, 31

4 Esperança para todos?, 49

5 A crise como berço da esperança, 63

6 Esperança e milagre, 76

7 O pão dos pobres, 90

8 Andando sobre a água, 97

9 A luta à beira da esperança, 103

10 Terá a chuva um pai?, 111

11 A voz em meio ao vento e à tempestade, 121

12 Eu sei que meu *goel* vive, 130

13 O feixe de luz por baixo da porta trancada, 143

14 Nenhuma floresta, 156

15 Para que precisamos de Deus?, 164

1
Ground Zero
A esperança no marco zero

Palavras grandes como "Deus" ou "vida eterna" designam realidades sobre as quais não podemos fazer afirmações simples como se elas *existem* ou *não*, pois elas *não são* evidentes da mesma maneira como o *são* coisas intramundanas. Podemos, porém, falar sobre elas *no modo da esperança*: que elas *podem existir*, que nós as vivenciamos não como uma "ocorrência" ou como uma "necessidade", mas como possibilidade, como oferta, como convite e desafio. Elas nos confrontam como sinal de que a realidade do mundo e da nossa vida está aberta – e este aspecto seu só consegue vivenciar aquele que também está "aberto". Pessoas de esperança são apenas aquelas que não se conformam ao mundo em sua forma atual.

Quando um ateu diz: "Deus não existe" – Deus não existe *aqui* (*there is no God*) –, eu posso concordar com ele, mas com uma única e grande ressalva: Ele não existe aqui *ainda*. Ele não existe *aqui*, assim como o futuro não existe – mas ele existe aqui já no mesmo modo em que já "existe" o futuro: Nós não o vemos, nós não o conhecemos, nós não o determinamos. Mesmo assim, dependemos dele num sentido existencial (não ter futuro significa, no fundo, não existir mais, já estar morto). E pelo menos inconscientemente contamos sempre com ele e nos referimos constantemente a ele: por meio de nossas esperanças ou nossos temores, desejos, planos e preocupações, com nossa paixão ou nosso medo. A esperança voltada para o futuro, futuro este que é o seu ambiente mais autêntico, a sua "biosfera", nos liberta do peso do passado – o perdão do pecado também é um ato da esperança, um presente e uma revelação da esperança –, e a esperança nos liberta também do terror e do luto diante da efemeridade e transitoriedade do momento atual.

A eternidade, a biosfera de Deus, abarca e transcende ao mesmo tempo todas as dimensões do tempo, mas *para nós* ela está presente principalmente como futuro, como possibilidade, como promessa e como esperança. Aqui, Deus e sua eternidade não são evidentes naquela plenitude e clareza que *obrigaria* cada um a reconhecê-lo e respeitá-lo; no momento, sua presença em nossa vida ainda depende do espaço que a nossa liberdade lhe oferece na forma da nossa fé e esperança. Os teólogos que se apoiam na metafísica clássica objetam a essa altura que, desde a eternidade, Deus está presente como fundamento de todo ser, que Ele está aqui também em sua criação e em sua palavra, que Ele entrou na história na plenitude dos tempos na encarnação de Jesus de Nazaré, que Ele está presente nos sacramentos da Igreja etc.; mas em todos esses modos de sua presença, Deus permanece um Deus que é tão misterioso e oculto que continua válida a declaração de Pascal: "Existe luz o suficiente para aqueles que desejam ver a Deus com toda a sua alma, e existe escuridão o suficiente para aqueles que nutrem o desejo contrário". Deus deixou espaço para a dúvida para que a fé não perdesse sua dignidade como ato voluntário e como passo corajoso em direção ao reino do mistério.

Há anos venho falando e escrevendo que a fé – para que ela continue viva – precisa da dúvida como uma companheira que a corrige constantemente; da mesma forma como a dúvida precisa da fé para que ela não se perca nos lamaçais de um ceticismo absoluto e amargurado. Fé e esperança se complementam e corrigem mutuamente, e considero esse fato igualmente importante ou talvez até mais importante. Se a fé se esquecesse que seu objeto permanece na nuvem do mistério, à qual apenas esperança tem acesso, ela poderia se transformar em ideologia, em um vendedor de "seguranças"; e se a esperança se desprendesse da fé, ela correria o risco de ser levada pelo vento dos sonhos, das ilusões e dos desejos.

A fé e a esperança deveriam sempre andar de mãos dadas, assim como os apóstolos Pedro e João caminharam até o túmulo vazio na manhã da Páscoa; talvez a esperança dê preferência à fé, para que ela olhe para dentro do túmulo e *diga* o que vê. Mas devemos lembrar que a esperança corre mais rápido e é a primeira a chegar no destino. Existem momentos em que a fé é lenta, como certamente foi o caso naquela noite após a Sexta-feira Santa, mas, como aconteceu também naquela noite, a fé é impulsionada pela esperança que lhe aponta o caminho.

Justamente por isso é importante cuidar e proteger a esperança como uma pequena chama em meio à tempestade, protegê-la da tentação da desesperança, mas ao mesmo tempo também de sua perdição e de sua deturpação, daquilo que seria um substituto falso: a ilusão, a projeção de nossos desejos, promessas utópicas ou um otimismo ingênuo, representado, por exemplo, pela ideologia moderna da promessa de um progresso irrestrito.

A longa crise do cristianismo é, sobretudo, uma crise da esperança cristã, escreveu Bento XVI em sua Encíclica *Spe salvi*. Eu também me inquieto diante do fato de que as palavras cristãs da esperança perderam sua credibilidade em nosso mundo – ainda mais porque estou profundamente convencido de que os grandes mistérios do tesouro da fé bíblica se tornaram inacessíveis para tantas pessoas nos dias de hoje: Eles só podem ser destrancados com uma única chave – e esta é justamente a esperança. Estou ciente de que só consigo responder a toda uma série de artigos da confissão de fé cristã com um sincero "Amém" porque esse "Amém" significa: "Esta é a minha esperança"; i.e., oriento-me por eles não na base de um conhecimento pleno e uma compreensão completa, mas na base da esperança. Para mim, esses artigos não são um fato visível e evidente, mas um mistério – objeto da esperança. E é justamente a esperança – e apenas ela – que me parece ser a chave para o portão dos grandes mistérios da fé. Ela me encoraja a entrar nessa nuvem do indizível, do indefinível e do inimaginável. Mas o que aconteceu com essa chave da esperança? Toca-me profundamente uma parábola que encontramos em Orígenes (que a atribui a um místico judeu anônimo da Antiguidade) – uma parábola sobre a Torá como uma casa com muitos aposentos. Em frente a cada um desses aposentos há uma pilha de chaves. Como conseguimos encontrar a chave certa? *"A chave pode estar perdida, mas permanece aqui o anseio infinito de procurá-la."*

Quando começamos a procurar a "chave da esperança cristã", nós nos deparamos primeiramente com uma pilha de chaves, todas elas parecidas com a verdadeira e que tentaram substituí-la ao longo dos séculos. Trata-se principalmente *do otimismo* e *da ideia do progresso*. Essas duas chaves fazem parte do equipamento essencial da Modernidade; o problema é que, hoje em dia, elas parecem estar tão enferrujadas que não conseguem nem abrir o santuário da fé nem podem ser usadas para a interpretação daquilo que hoje se passa na sociedade.

Foi a secularização que transformou a esperança (que o cristianismo entendia como uma das três "virtudes divinas") em otimismo e fé no progresso. Certamente, isso aconteceu como reação à retórica dos pregadores barrocos e à concepção religiosa dos fiéis, que compreendiam a esperança como algo pertencente exclusivamente ao "além" – ao além do túmulo: Os pregadores invocavam a esperança principalmente nos cemitérios. Desde o Renascimento, quando a atenção se voltou para "este mundo", os filhos da Modernidade vieram a ver a doutrina cristã sobre "as últimas coisas" como um cheque falso sem fundo, sem a garantia do ouro recém-descoberto da experiência sensual do experimento verificável. Um destino semelhante teve também, por exemplo, o "amor ao inimigo" proclamado por Cristo, que perdeu toda a sua credibilidade devido ao comportamento dos cristãos no tempo das guerras religiosas do século XVII. A secularização transformou o amor ao inimigo em "tolerância", uma palavra mágica derivada do verbo "suportar", no sentido de "suportar algo desagradável". Essa tolerância está tão distante do amor ao inimigo, ou seja, do "amor ilimitado ao próximo" quanto o otimismo e a fé no progresso da Modernidade se afastam da virtude divina da esperança.

Em um de meus livros anteriores reuni os argumentos que nos permitem chamar nosso tempo "pós-moderno" um *tempo pós-otimista*. E o desenvolvimento dos últimos anos – desde a continuação não muito bem-sucedida da "guerra contra o terror" até à crise que começou com o colapso do sistema bancário e que agora, como um incêndio descontrolado, ultrapassa não só os limites de estados, mas também os limites de outros setores da vida social – apenas confirmou aquela falência do otimismo moderno, dessa confiança ingênua no poder do desenvolvimento científico e tecnológico, que afasta rápida e facilmente todos os obstáculos em sua via expressa e pretende nos levar para uma civilização cada vez mais perfeita e mais agradável.

Quando me perguntam se eu me vejo como otimista ou pessimista, eu costumo responder que sou uma pessoa que luta pela esperança – e como tal rejeito ambas as alternativas com igual determinação.

"Um otimista é uma pessoa desinformada", diz um provérbio famoso. Creio que a verdade seja ainda mais radical. Um otimista é um falsário: Ele troca a moeda de ouro da esperança, que foi confiada ao ser humano para o caminho de sua vida, pela ilusão de que o sol da felicidade gira em torno do planeta minúsculo de suas ideias e de seus desejos. O *otimismo* é a suposição ousada de que "tudo ficará bem"; a *esperança*, por sua vez, é uma força capaz de aguentar também uma situação em que essa suposição foi desmascarada como ilusão.

Durante a minha vida, conheci três faces do otimismo, e é difícil dizer qual delas me enojou mais. Em primeiro lugar, a face dos pioneiros do comunismo, que, com suas canções sobre o paraíso vindouro, "onde ordenaremos ao vento quando ele soprará, e à chuva quando ela cairá", pretendiam calar os gritos das vítimas desse futuro revolucionário. Algumas décadas depois, pude observar de perto os pioneiros do "novo capitalismo" (e é bem possível que, entre estes, se encontravam muitos daqueles que haviam crescido no otimismo revolucionário do comunismo e que, até pouco tempo atrás – certamente já sem fé revolucionária e sem qualquer entusiasmo revolucionário – seguravam em suas mãos as suas bandeirinhas e ostentavam na gola de seus mantos o símbolo de seu poder), que confiavam na onipotência da "mão invisível do mercado" e zombavam de todos que pregavam alguma moderação na construção de outra manhã feliz lembrando a necessidade da preservação dos fundamentos da moral e do direito. Ao mesmo tempo, comecei a perceber entre os cristãos que, depois da queda do comunismo, entusiastas religiosos dos mais diversos "novos movimentos" e seitas passaram a tomar o palco da sociedade. No brilho fanático de seus olhos pude perceber algo que me lembrava demais da juventude comunista: sua disposição constante de se entusiasmar irrefletidamente com os chavões simplórios de pregadores espertos e de balançar os braços sobre suas cabeças segundo as instruções de animadores experientes.

O ceticismo e a ironia, com os quais observo desde a minha juventude os consumidores dos entorpecentes de ideologias otimistas de todo tipo, jamais me fizeram aderir ao lado do "pessimismo". Vejo nele apenas a inversão do otimismo. Muitas vezes, o pessimismo nada mais é do que a ressaca de otimistas desiludidos – e, nesse caso, ele costuma levar ao cinismo. Em alguns aspectos, o pessimismo é ainda mais perigoso do que o otimismo: O otimismo costuma engodar pessoas ingênuas, enquanto o pessimismo costuma ser uma doença (ou tentação) dos sábios, dos experientes e dos conhecedores. Muitas vezes, o pessimismo ataca justamente aqueles que já reconheceram e compreenderam tantas coisas que lhes faltariam apenas poucos passos para alcançar a sabedoria da vida. Pouco antes de chegarem à linha de chegada, a melancolia, o cansaço e o aborrecimento os levam a se desviar do caminho. Não é disso que fala o testemunho amargo do livro bíblico de Eclesiastes? É justamente a pessoa que já viu, conheceu e experimentou tanto que vê tudo como que coberto com a poeira da futilidade; o próprio conhecimento e a própria sabedoria se apresentam a ele agora como um sofrimento fútil (Ecl 1,17-18).

Talvez sejam justamente esse amortecimento e essa resignação que se escondem por trás do conceito da *acedia* (que normal e equivocadamente é traduzida como "preguiça"). A profunda experiência espiritual dos antigos monges e eremitas usava essa palavra para designar um dos pecados mortais. Tratava-se do engodo do "demônio da tarde", que se aproxima do ser humano já fatigado pelo calor no auge do dia – no clímax de uma viagem exaustiva ou de uma escalada grandiosa (ou pouco depois). (A maioria dos acidentes nas excursões de alpinistas ocorrem logo após alcançarem o cume, quando a atenção, anestesiada pelo sucesso, diminui.) Hoje em dia, falaríamos, muito provavelmente, de uma depressão ou da Síndrome de *Burnout*. A história da psicoterapia nos ensina que o surgimento de distúrbios e doenças psíquicas sempre reflete em certo sentido o estado da sociedade: O problema do tempo de Freud, o tempo da repressão vitoriana das emoções, era a "neurose". A dor típica do nosso tempo, inundado pela oferta ilimitada de possibilidades, é a depressão e a dependência.

Carl Gustav Jung falava da "crise do meio-dia da vida", quando surgem problemas inesperados – com a saúde, no relacionamento, na família ou no trabalho – ou quando, de repente, não sentimos mais prazer com algo que, até então, nos satisfazia plenamente. Jung reconhecia nessa crise um sinal alarmante, um impulso urgente para abandonar a tarefa de erguer a fachada da casa de sua vida (de sua "pessoa") e para descer para a profundeza, para os seus fundamentos. Ao contrário de Freud, Jung esperava encontrar ali não apenas um porão escuro, entulhado de antigualhas reprimidas, mas a fonte doadora de vida de um rio subterrâneo que nos permite atravessar as profundezas do "inconsciente coletivo" e velejar até os tesouros mais preciosos: Por isso, *toda crise é uma chance.*

Parece-me que alguns dos elementos da teoria de Jung para o acompanhamento de indivíduos em crise podem ser aplicados à "crise da civilização", sobre a qual se fala e se escreve tanto no início do terceiro milênio. Após a queda do otimismo, o pessimismo se apoderou de muitos. Mas não seria esse pessimismo aquele "demônio do meio-dia", o pecado da *acedia?*

Será que a humanidade ocidental já não alcançou o cume daqueles esforços da Modernidade (ou já não passou dele?) de apresentar um desempenho cada vez maior? E não seria a crise atual a consequência de um passo errado devido ao cansaço depois dessa escalada estressante? Mas será que essa situação não poderia ser entendida também como um desafio de alterar o curso do navio da vida e "navegar para as profundezas"?

Se o ser humano não encarar esse desafio que se esconde na crise do meio-dia da vida, existe o perigo de ele se transformar num cínico pelo resto da vida e, em vez de alcançar a sabedoria madura do outono da vida, de cair na amargura de um ancião insuportável. E precisamos nos perguntar se não existe também o mesmo perigo para toda a nossa civilização ocidental.

A banalização notória do mal fazia parte da ingenuidade do otimismo. A apocalíptica revolucionária afirmava (ao contrário das ideologias do otimismo, que, em sua arrogância, haviam ignorado completamente as forças do mal), que a "última batalha irromperá", mas não duvidava de sua vitória iminente. O pessimismo, por sua vez, se fascina com a força do mal, ele se encanta com o mal a ponto de se entregar a uma inatividade estarrecida. O pessimista percebe a corrupção do mundo, mas ele não luta nem negocia com Deus, como o fez, por exemplo, Abraão para salvar os habitantes da Sodoma pecaminosa.

E quando Sodoma estiver em chamas e o mundo corrompido estiver ruindo, como o pessimista sempre previu e esperou, ele observará essa obra da vingança e da ruína com um olhar de satisfação. Mas esse olhar *para trás* será punido com um estarrecimento semelhante ao da esposa de Ló. No momento das catástrofes, os pessimistas não são o "sal da terra", mas "colunas de sal" estarrecidas, pessoas inúteis. O otimista é um "falsário", mas o pessimista é um traidor da vida, um desertor que foge da luta.

Por onde devemos começar se, depois da implosão do otimismo ilusório, não quisermos optar pelo pessimismo amargurado, pela resignação estoica, pelo desespero ou cinismo como única alternativa que nos resta – mas se quisermos tentar encontrar a chave perdida da esperança? De uma esperança que, ao contrário do otimismo, não aposta que, *de alguma forma*, tudo ficará bem, mas que nos dá a força de suportar o peso de situações a milhas de distância da promessa de um final feliz? Por isso, muitas vezes é necessário começar do zero. Ou do um. Slavoj Žižek, um dos pensadores mais desafiadores do nosso tempo, apresenta em seu ensaio "Sobre a teologia materialista" uma metáfora singular: "A diferença entre a Europa e os Estados Unidos se evidencia talvez sobretudo em um detalhe: Na Europa, o térreo é designado com o número 0, de modo que o piso acima do térreo passa a ser o 'primeiro piso', enquanto nos Estados Unidos o primeiro piso se encontra no nível da rua. Em outras palavras, nos Estados Unidos, as pessoas começam a contar a partir de 1, enquanto os europeus sabem que o 0 antecede o 1. Ou, para voltar para a história: Os europeus estão cientes de que cada tradição precisa de um fundamento (*ground* em inglês, palavra esta que se esconde também na expressão *ground floor* – no térreo) antes de podermos começar a contar; fundamento este que sempre já existe e, como tal, não é incluído na contagem, enquanto nos Estados Unidos, o país sem qualquer tradição pré-moderna própria, não possui esse tipo de 'fundamento' – aqui, as coisas começam de imediato com a liberdade, que as pessoas impuseram a si mesmas como uma lei. O passado foi apagado (relegado à Europa)[1]. Esse traço pode ser explicado por outro fenômeno semelhante: Em (quase) todos os hotéis norte-americanos com mais de doze pisos, não existe o décimo terceiro andar (para que este não dê azar aos hóspedes, é claro), i.e., o décimo segundo andar leva diretamente ao décimo quarto. Para um europeu, isso não faz sentido: Estaríamos tentando enganar a quem? Como se Deus não soubesse que aquilo que chamamos de décimo quarto andar é, na verdade, o décimo terceiro. Mas os norte-americanos podem se entregar a esse jogo justamente porque Deus é apenas a extensão de seu ego individual e Ele não é percebido como fundamento verdadeiro de todo ser"[2]. Como é de seu costume, Slavoj Žižek usa essa anedota como pretexto para desdobrar toda uma série de reflexões; nós, porém, a usaremos para seguir em uma direção totalmente diferente. Não quero me deter com observações extensas sobre as diferenças entre a religiosidade norte-americana e europeia. Admito, porém, que, de vez em quando, diante das referências à vitalidade da religiosidade norte-americana em comparação com as Igrejas europeias vazias, eu me pergunto se estamos seguindo o caminho correto. Anos atrás, quando ouvi com que facilidade o presidente norte-americano, simpatizante da "direita religiosa", usava o nome de Deus, eu me perguntei se os europeus, que se recusavam a inscrever o nome de Deus no preâmbulo à Constituição da União Europeia, realmente levavam Deus mais a sério. Quando assisti aos programas dos missionários televisivos nos Estados Unidos (e vi seus clones nos estádios europeus), tive que pensar na acusação de Žižek, segundo a qual Deus, cuja "eficiência" era apresentada e vendida aqui, seria "uma extensão do ego individual".

---

1. No entanto, poderíamos objetar a Žižek – no espírito da teoria segundo a qual o esforço de criar um novo começo por meio da "transferência" (*translatio*) da herança cultural seria um traço típico da civilização romana (cf. BRAGUE, R. *Evropa – r˘ímská cesta*. Praga, 1995) –, que os Estados Unidos, em seu desejo de instalar o *novus ordo saeculorum*, são uma "nova Roma"; que os Estados Unidos têm um direito muito maior a esse título do que os impérios que, ao longo da história, o reivindicaram para si mesmos.

2. ŽIŽEK, S. K materialistické teologii. In: ŽIŽEK, S. & HAUSER, M. *Humanismus nestac˘í*. Praga, 2008, p. 41s.

Ao mesmo tempo, lembrei-me da afirmação do filósofo norte-americano Richard Rorty segundo a qual os norte-americanos, quando falam de "Deus", costumam se referir ao "nosso Eu futuro".

Ao longo das duas décadas passadas, pude visitar os Estados Unidos tantas vezes que realmente posso confirmar o famoso ditado segundo o qual "tudo que você disser sobre os Estados Unidos corresponde à verdade" (ou à inverdade), porque os Estados Unidos são realmente um país *enorme*, que – também no sentido religioso – possui muitas faces. Evidentemente, a Europa também apresentava e apresenta uma grande diversidade cultural e religiosa, e também em muitos lugares da Europa "falta *o zero*", se manifesta a ausência daquele fundamento misterioso e imprevisível. Em ambos os lados do Atlântico fala-se hoje sobre Deus e religião (tanto seus defensores zelosos quanto seus negadores) de maneira leviana e irresponsável. Durante a leitura do texto de Žižek sobre a América do Norte, onde falta aquele *ground floor com o número zero*, eu me lembrei daquele lugar triste no centro de Manhattan, daquele buraco enorme deixado pelos arranha-céus destruídos pelo ataque terrorista no limiar do terceiro milênio, em 11 de setembro de 2001. Os norte-americanos deram a esse lugar – a essa cicatriz aberta no corpo do nosso mundo – o nome *"Ground* zero" (ou também *"point* zero"), o ponto zero.

Quando, pouco mais tarde, voltei para esse lugar, não consegui me livrar de um pensamento (a despeito do calafrio em minha nuca): Sim, aqui e agora os Estados Unidos (e o mundo) têm seu "ponto zero". Esse lugar é o lembrete de que o mundo e a vida não começam com a liberdade que a própria humanidade se impôs como lei, que o passado não está apagado. Esse é o lugar de uma experiência trágica: Aqui tocamos a fragilidade e vulnerabilidade do nosso mundo, aqui reconhecemos que um tipo determinado daquela "fé" que acreditávamos superada, pode interferir no nosso presente e abalar a nossa visão do futuro. Fomos testemunhas de como um símbolo da tentativa humana de alcançar o céu (os arranha-céus) pôde se transformar em pó dentro de um instante.

O 11 de setembro se tornou símbolo dessa geração, da mesma forma como o holocausto se tornara símbolo da geração de seus pais. Sim, cada evento histórico é singular e possui seu significado singular: não se trata de uma comparação dos números das vítimas (a despeito de toda a crueldade refletida pelas estatísticas de morte, precisamos dizer que também Auschwitz foi apenas parte da história dos genocídios do século XX, que, desde o genocídio sofrido pelos armênios, a catástrofe de fome orquestrada por Lenin, até os crimes do comunismo asiático e o número das vítimas da "guerra contra o terror", inclusive a infeliz invasão do Iraque, há muito superou o número de mortes sofridas em 11 de setembro). Esses eventos simbolizam sempre um novo passo na marcha do horror e sempre uma face qualitativamente nova do mal. Em ambos os casos, trata-se de uma lápide do otimismo moderno. Os controles nas câmaras de gás de Auschwitz e nos aviões no céu sobre Manhattan não foram manuseados por um fanatismo ideológico bárbaro, mas pela razão tecnológica, pelo cálculo sóbrio, por pessoas que tinham acesso a todas as conquistas da tecnologia e da ciência, que só precisavam desativar uma única instância; uma instância que havia sido desprezada há muito tempo: a consciência.

"Onde estava Deus em Auschwitz?" perguntaram ao rabino Jonathan Sacks. "Ele estava bem ali, naquele mandamento que diz: 'Não matarás'", respondeu o rabino[3].

Também em 11 de setembro Deus esteve presente em Manhattan nos mandamentos "Não matarás" e "Amarás ao teu próximo como a ti mesmo"; também naquele dia, ouvia-se nas igrejas "Amai

---

3. Outros autores afirmam que, no lugar dessa pergunta que tenta atribuir a Deus toda a responsabilidade pelos crimes históricos deveríamos fazer outra pergunta: Onde estava o ser humano em Auschwitz? O que os seres humanos fizeram de si mesmos quando foram capazes de cometer esse tipo de crimes?

vossos inimigos" e recitava-se o Alcorão nas mesquitas: "Se matares uma única pessoa inocente é como se matasses o mundo inteiro".

E também na crise atual Deus está presente no mandamento "Não furtarás" e na sentença "Não podeis servir a Deus e ao dinheiro".

O Deus que se mostrou a Moisés na sarça ardente no deserto se revelou a ele como desafio e tarefa, como esperança e promessa: Estarei contigo se você cumprir a tarefa que eu te dou: Vai e salva o meu povo! E ao ser perguntado repetidas vezes, Ele revelou seu nome e sua natureza: Estarei contigo. Isso precisa nos bastar; isso é tudo que Ele deseja revelar sobre si mesmo.

O Deus verdadeiro jamais se apresenta como substituto ou concorrente da nossa liberdade, como alguém que nos liberta da nossa responsabilidade. Pelo contrário: ele apela à nossa liberdade e confia sua causa à nossa responsabilidade: na forma do chamado e da promessa. Ele não garante um decurso indolor nem um sucesso brilhante na causa para a qual Ele nos convida. Ele promete apenas: Estarei contigo. Estarei contigo também nas noites escuras desse caminho, assim como estive com Jacó: Às vezes, eu te fortalecerei com um sono cheio de sonhos proféticos, outras vezes lutarei contigo como no passado às margens do Rio Jaboque. Estarei contigo como estive com Abraão no momento decisivo da provação terrível no Monte Moriá, estarei contigo como estive com o Elias exausto no deserto, quando lhe enviei a mensagem de que deveria continuar a sua caminhada, mas também lhe dei pão para fortalecê-lo em sua jornada.

Sim, pensei em todas essas imagens em Auschwitz, no *Ground zero*, nos lugares das feridas profundas no mapa das esperanças humanas. Existem momentos em que a esperança chega ao "ponto zero". São os momentos em que estamos exaustos e aborrecidos com tudo, como Elias embaixo daquela árvore no deserto. Mas é justamente nesse momento que Deus se aproxima de nós na forma de um chamado: Levanta-te, pois ainda tens um longo caminho pela frente! E quando necessitamos da dádiva da esperança, nós a recebemos na forma de *pão para o caminho*.

2
A crise atual

Atualmente, dois fenômenos são descritos com tamanha frequência e em tantos lugares do mundo, que tendemos a atribuir-lhes um caráter global; além disso, eles levantam a pergunta se podemos designá-los com a fala bíblico dos *sinais do tempo*. Trata-se do "retorno da religião" e da "crise".

Se permitíssemos que apenas as mídias tratassem desses dois temas, ariscaríamos que a essência desses fenômenos permanecesse na neblina de chavões jornalísticos. Mas mesmo se esses dois temas fossem elevados ao patamar de objeto da pesquisa empírica das ciências sociais, poderíamos sentir que algo ainda falta: sua análise teológico-filosófica sincera e seu diagnóstico espiritual.

O que significa a fala sobre o "retorno da religião"? O que é que está retornando? Trata-se de religião ou de fé, de espiritualidade, de piedade ou de responsabilidade moral, de perguntas pelo sentido último ou da necessidade de rituais sagrados?

Será que algo realmente está *retornando*, algo que já existiu em algum momento, ou será que fenômenos estão passando a substituir as religiões tradicionais, fenômenos estes que, por vezes, só lembram de longe o que estávamos acostumados a chamar de "religião", ou será que esses fenômenos estão assumindo uma função que pertencia à religião? Seria possível, finalmente, que se trata de um evento que se passa não no palco do mundo, na "realidade objetiva", mas apenas nas cabeças daqueles intelectuais ocidentais que, há pouco, desistiram de subestimar a religião, que acabaram de tirar seus óculos das teorias da secularização, segundo as quais existiria uma tendência irreversível em direção à "desreligiosização" do mundo, ou seja, aquela profecia autorrealizadora ou aquele "desejo pio" dos irreligiosos? Desses irreligiosos que acabaram de começar a perceber aquilo que haviam ignorado durante tanto tempo? Mas o que teve que acontecer para que a religião voltasse a ser um tema tão sério ao ponto de muitos falarem de uma "era pós-secular"? Será que a "religião" está se fortalecendo, ou será que aumenta apenas o interesse por ela – e qual é o foco desse interesse pelo mundo multifacetado da religião?

Se cogitarmos a possibilidade de que nosso tempo pode realmente trazer algo novo, como o representa, por exemplo, a influência crescente da religião sobre a política – a repolitização das religiões tradicionais, o sucesso missionário surpreendente do cristianismo evangélico, o fortalecimento das vertentes tradicionalistas e fundamentalistas dentro das religiões e a sede de experiências espirituais, à qual responde o cenário colorido dos "novos movimentos" ou as colagens compostas de elementos das tradições antigas e tendências da psicoterapia atual – seria, então, possível encontrar um denominador comum para tudo isso e falar do "retorno da religião"?

O segundo tema – a crise – é semelhantemente multifacetado. De qual *crise* estamos falando hoje? Enquanto escrevo este texto, a expressão "crise" (provavelmente a palavra mais utilizada no discurso público deste ano) é usada principalmente no contexto da economia – a crise do sistema bancário com seu epicentro em Manhattan se transformou no final da primeira década do século XXI em uma crise financeira e econômica global, que, por sua vez, ameaça provocar toda uma série de crises sociais e políticas. Mas será que essa crise não alcança profundezas maiores do que aquelas que as análises dos economistas e cientistas políticos conseguem alcançar?

Mesmo que essa febre aguda desapareça e passe tão repentinamente quanto apareceu (como prometem alguns otimistas), tratar-se-ia apenas do desaparecimento de um sintoma de uma doença que persiste e que pode irromper novamente a qualquer momento ou se manifestar de outra forma, semelhante ao comportamento do câncer que hoje acomete tantos? Seria a crise econômica atual apenas um sinal da *crise da Modernidade que se arrasta* e da qual os pensadores ocidentais falam desde o século XIX – praticamente desde o momento em que a sede sanguinária da fase jacobina da Revolução Francesa levantou dúvidas referentes ao otimismo cultural do Iluminismo – até os pensadores pós-modernos que demonstraram como a unilateralidade do racionalismo moderno desembocou no totalitarismo destruidor e na manipulação da natureza, do ser humano e também da história? Teriam algumas das muitas formas do "pós-modernismo" oferecido alguma saída curadora dessa crise?

Talvez a forma *econômica* da crise atual esteja recebendo tamanha atenção não só porque ela afeta dolorosamente o padrão material de tantas pessoas e abala as seguranças sociais, mas também porque *questiona o próprio "moneyteísmo"* (a religião do dinheiro), que, sorrateiramente, substituiu o monoteísmo da tradição judaico-cristã na fase do capitalismo moderno. A razão científica, que parecia ser um possível pretendente ao trono divino, e a ciência, que parecia ser um puro "fim em si mesmo", se transformaram aos poucos em mero *meio*; o lucro e o dinheiro, por sua vez, que eram um mero meio, se transformaram em *fim* e em objetivo último e suficiente, em um fim que justifica tudo. Hoje em dia, a pesquisa científica em muitas disciplinas, por exemplo, deixou de possuir a ambição e a liberdade de saciar o desejo do espírito humano de conhecer a verdade, como declarava pateticamente o racionalismo do início do Iluminismo. Hoje, ela executa obedientemente as tarefas que lhe são ditadas pelos interesses econômicos e, às vezes, políticos de seus mecenas (isso se evidencia de forma mais clara na manipulação da pesquisa medicinal pelos interesses das empresas farmacológicas): O lucro se transformou na verdade da ciência.

Essa revolução de valores transformou o mundo sem chamar muita atenção: Esferas cada vez maiores e mais numerosas da realidade da vida se transformaram em *coisas*, que não precisam ser respeitadas como um parceiro, mas das quais podemos dispor livremente como se fossem objetos: são compreendidas como *bens* comerciáveis. Essa tendência domina cada vez mais também a relação com a vida humana: Defensores do aborto apresentaram pela primeira vez o argumento segundo o qual o embrião humano seria "parte da barriga" da qual poderíamos dispor como se fosse uma coisa, e o auge desse desenvolvimento é representado pelas ofertas da engenharia genética que pretende trazer ao mercado produtos muito mais eficientes do que o antiquado *homo sapiens*.

O pequeno fragmento frequentemente citado de Walter Benjamin "Capitalismo como religião" deveria ser lido com muita atenção nos dias de hoje: Benjamin demonstra que a essência do capitalismo consiste na oferta da "libertação do erro e do endividamento permanentes" (cf. o significado duplo – econômico e moral – da palavra latina *debitum* ou da palavra alemã *Schuld* [dívida/culpa]). Diante da crise atual, a voz do cristianismo não deveria repetir apenas os chavões desgastados de uma moralização ineficaz do capitalismo como culto ao dinheiro ou ao bezerro dourado, mas tentar uma análise teológico-científico-religiosa mais profunda do panteísmo monetário da nossa atualidade. Pois o dinheiro realmente se tornou o *sacramento* da sociedade burguesa, o "sinal visível da graça invisível", que comunica a participação em todas as bênçãos dessa sociedade (e que, nesse sentido, inverte ou transforma em caricatura a teologia cristã dos sacramentos e da graça – valores estes, que são "concedidos de graça")[4].

Hans-Joachim Höhn, que formulou essa percepção, acrescenta, porém, que o próprio cristianismo contribuiu para a *deificação da economia* com a *economização de sua teologia* (lembro aqui a doutrina do "valor de resgate do sacrifício de Cristo", sobretudo na representação de Anselmo do "pagamento de um resgate pela

---

4. Cf. HÖHN, H.-J. *Postsäkular* – Gesellschaft im Umbruch; Religion im Wandel. Paderborn, 2007, p. 107.

culpa do ser humano ao diabo" e a prática católica das indulgências etc.). Aparentemente, o caminho de "Deus lhe pague" [Vergelt's Gott"] para "Deifique o dinheiro"[5] [Vergott's Geld"] não parece ser muito longo.

❧

Os problemas atuais do nosso tempo – não só as dificuldades econômicas, mas também o terrorismo, as consequências das mudanças climáticas, as pandemias de doenças infecciosas e sobretudo a perda de qualquer responsabilidade pelas possíveis consequências de experimentos científicos – lembram muito o decurso de um câncer grave ou de uma dependência de substâncias químicas: Após períodos de descanso relativo, ocorrem sempre novas recidivas. Eu gostaria de ilustrar essa comparação com minhas próprias experiências no acompanhamento pastoral de pessoas com câncer e dos anos de minha prática clínica no departamento de terapia para dependentes químicos.

Alguns milhares de pessoas dependentes de álcool e outras drogas passaram por meu aconselhamento. E elas me ensinaram uma coisa: que a dependência química é um fenômeno de múltiplas camadas. No decorrer do tempo, várias instituições reclamaram para si o monopólio de explicar e erradicá-la, compreendendo-a ou como "pecado", ou como "problema social", ou como "doença". Nenhum desses rótulos (aplicado com exclusividade) basta. O conceito do "pecado" foi desacreditado por certos pregadores da moral cristã – que Nietzsche castigou de forma tão drástica – ao ponto de podermos usá-lo apenas dentro da retórica tradicional das homilias sem o risco de sérios equívocos: qualquer outro emprego exigiria uma reinterpretação teológica fundamental. Falar da dependência química *apenas* como "problema social" ou "diagnóstico medicinal"

---

5. Ibid., p. 106.

(no sentido da classificação de doenças) nos seduz a pensar que se trata de algo que se encontra totalmente fora do âmbito da responsabilidade moral do ser humano, que a responsabilidade principal para o desenvolvimento da dependência deve ser atribuída exclusivamente à sociedade e que a responsabilidade principal pela cura pertence ao terapeuta. Eu não tenho nenhuma dificuldade de imaginar uma concepção teológica do pecado não só como ato individual de um ser humano, mas como algo entrelaçado nas "estruturas pecaminosas da sociedade" (sem que esse fator reduza o ser humano a um objeto passivo de suas relações sociais) e que ressalta que Jesus realmente veio para *curar* os pecadores, não para fazer sermões moralizantes ou para condenar e amaldiçoar. Consigo imaginar também uma perspectiva sociológica que, na avaliação de dependências como um mal social, leve em consideração também aquilo que ocorre no "microclima" de cada destino individual, de um destino que é influenciado pela sociedade, mas que não é determinado totalmente por ela. Por fim, consigo imaginar também uma abordagem medicinal – uma abordagem que simpatize com a *logoterapia* de Viktor Frankl e seus alunos, que leva a sério também o aspecto espiritual e moral de uma "doença" e vê na terapia uma analogia ao acompanhamento pastoral (cf. o "acompanhamento medicinal" de Frankl).

E me conscientizei também de outra coisa durante meus anos de trabalho com os dependentes químicos: Em muitos casos, a dependência é uma forma de um *suicídio* não admitido, reprimido e lento. Em determinado momento, um ser humano perde a vontade de viver, ele perde a *esperança* autêntica – por exemplo, em decorrência de um trauma não processado, de uma perda pessoal, de um conflito irresolvido ou de uma culpa não perdoada, ou seja, em decorrência de um peso que a pessoa recalcou para o seu inconsciente –, ele se destrói aos poucos com a droga, e todas as tentativas de uma cura ou de uma "melhora" são apenas um adiamento ilusório de um fracasso definitivo. Se ele não mudar sua relação com a vida de modo profundo, se não conseguir contrapor esperança e uma forte vontade de viver à resignação não admitida e à autodestruição e ele não

25

conseguir mudar sua vida, viver de outra forma, todas as tentativas de uma abstinência estão fadadas ao fracasso.

Será que algo semelhante àquilo que desencadeia o processo destrutivo de uma dependência química não se esconde também naquilo que provoca o surgimento de um câncer? No fundo, o câncer também é sintoma de um esgotamento, de um fracasso dos sistemas responsáveis pela resiliência do organismo em todos os níveis. Por causa de uma falha desse tipo, a doença irrompe, ou ocorre um ressurgimento da doença. Na realidade, estamos constantemente expostos à ameaça de uma doença; a transformação maligna de células no organismo costuma ocorrer várias vezes ao longo da vida. Normalmente, porém, o nosso sistema imunológico reconhece essas células como ameaça e as elimina. Quando o número dessas células no corpo ultrapassa a capacidade do nosso sistema imunológico de reprimi-las, torna-se necessário "envenenar" essas células com medicamentos (às vezes, também, por meio de um jejum radical).

Quando nos interessamos pelo câncer não só como limitação do organismo físico, mas pesquisamos mais a fundo, encontramos às vezes no complexo tecido da doença problemas irresolvidos de natureza psíquica, espiritual e moral – algo dentro do ser humano, na "profundeza de sua alma", que quebrou, e uma das manifestações e consequências dessa danificação pode ser a incapacidade do sistema imunológico de exercer a sua função de defesa.

Não aconteceu algo semelhante "no corpo e na alma" da nossa civilização? Já pesquisamos com a meticulosidade necessária as possíveis causas ocultas, o mecanismo responsável por ocasionar as muitas "dependências" e "tumores" que encontramos com tanta frequência no corpo e na alma da nossa civilização, da qual – querendo ou não – nós fazemos parte? Será que a nossa sociedade ocidental não sofre de uma forma ainda mais perigosa de "endividamento" do que aquela que os economistas e políticos tentam resolver? Certamente existem muitas coisas nessas áreas que foram negligenciadas, das quais precisamos nos conscientizar, identificar e confessar – mas não para nos esgotar no olhar para trás e para identificar culpados, mas sobretudo para finalmente trabalhar por uma melhora, para uma terapia.

Milagres não ocorrem nem nos milagreiros amadores, nem nas "terapias alternativas" obscuras do esoterismo, nem na forma de "curas milagrosas" espetaculares em reuniões carismáticas em estádios de futebol; "um milagre" é algo em que podemos acreditar e no qual podemos depositar a nossa esperança, mas com o qual não podemos contar, que não podemos encomendar ou forçar. A despeito de toda a crítica contra uma medicina que se orienta unicamente pelo "conserto" do corpo, eu sempre alertaria uma pessoa adoecida contra uma recusa irresponsável de uma terapia medicinal clássica; no entanto, muitas vezes, resta-nos apenas rezar para que uma medicina realmente responsável seja capaz de levar em consideração também os aspectos psicossomáticos, sociais e morais de uma doença. E também no caso das "doenças civilizatórias" é necessário recorrer a tudo que a "tecnologia" e a "química" têm a oferecer – ou seja, recorrer a medidas econômicas, políticas e sociais. Mas também aqui não devemos negligenciar a "logoterapia" – também aqui entram em jogo fenômenos como a "perda de vontade para o sentido" e o esgotamento das fontes da esperança.

Além disso, a crise econômica atual é séria demais para confiar sua cura *apenas* às mãos dos economistas e políticos, ao mesmo tempo em que não devemos subestimar as suas competências e diminuir a sua responsabilidade. No entanto, quero ver quais dos responsáveis terá a coragem de reconhecer isso e identificar aquele endividamento publicamente, do qual a crise atual é apenas uma sombra: ou seja, lembrar o fato de que nosso estilo de vida e nosso consumo excessivo nos transformou em parasitas do planeta, de modo que, se o resto do mundo decidisse optar pelo nosso estilo de vida (que exportamos para todos os lugares e que propagamos pelo mundo afora com os nossos comerciais, nossa cultura *pop* e a nossa ideologia), isso causaria um esgotamento total dos recursos e um colapso total do nosso planeta. Será que alguém conseguirá mobilizar a coragem e desenvolver a força de convicção – não apenas em palavras e argumentos, mas principalmente em seu exemplo pessoal – necessárias para mudar o nosso curso sem tocar no segundo totem mais sagrado da nossa civilização, os direitos e as liberdades individuais?

E não existe o perigo de que uma multidão enorme de pessoas, que apela incessantemente aos seus direitos e liberdades, *desistirá de sua liberdade* no momento decisivo, liberdade esta que vem acompanhada da necessidade de escolher entre possibilidades cada vez mais numerosas e confusas e de assumir uma responsabilidade cada vez maior e imprevisível – inconscientemente procure um ditador que tiraria dela o jugo pesado da liberdade e da responsabilidade?

Toda doença e toda crise é, provavelmente, *também* um assunto espiritual. A doença – a doença de uma pessoa individual como também a "doença de uma sociedade" – sempre é, como qualquer crise, também uma *chance*. Certa vez, Mircea Eliade anotou em seu diário: "Uma doença é um ponto em que o processo da integração da personalidade se encerra e se aproxima o momento de uma transformação espiritual radical"[6]. E Thomas Moore, autor contemporâneo de muitos livros sobre a vida espiritual, observa (com sua típica visão estética e sua linguagem enérgica, que pode provocar e, provavelmente, pretende provocar) que uma doença tem algo em comum com a poesia: "Ela expressa o fluxo da vida, mas ela não o explica. Ela o encoraja a refletir sobre seu modo de vida, a descobrir onde a sua alma está sendo negligenciada e onde ela se queixa. É o tempo em que você pode refletir sobre a origem da doença e sobre como ela reflete o seu modo de viver ou o modo de viver da sociedade. Sua doença pode até curá-lo de suas concepções equivocadas, a poesia da doença fala com você às margens da natureza e o reúne com a fonte de sua própria vida. Quanto maior o número de capacidades físicas das quais a doença o priva, mais você será preenchido com a força da alma"[7]. Será que esse ponto de vista incomum pode nos ajudar a refletir de outro modo sobre as

---

6. ELIADE, M. *Journal III.*: 1970-1978. Chicago, 1989, p. 211.
7. Cf. MOORE, T. *Dark nights of the soul*. Nova York, 2008, p. 288.

chances que as crises e doenças atuais do organismo social, do qual fazemos parte, nos oferecem?

Assim que alguém fala em "crise", aparecem imediatamente inúmeros messias religiosos e seculares de todos os lados com suas receitas simples e patenteadas. Mas uma crise, seja ela pessoal ou social, não precisa despertar medos e reações histéricas. Crises são companheiros naturais da vida, são como rochas no leito de um rio que acrescentam dinamismo ao rio da vida e o tornam interessante. Uma vida sem crises e provações seria como um riacho lamacento e podre ou como uma represa com água parada e putrefata. Não faz muito sentido ficar se lamentando e procurar o culpado no passado (não suporto mais a crítica constante de católicos conservadores adversários da Modernidade a Descartes e Kant) e tentam encontrar um caminho que os leve de volta para o passado. Ao ver um enfermo, Jesus se recusou a olhar para trás, a moralizar e a especular sobre "quem pecou, ele ou seus pais". Ele viu a doença como desafio e oportunidade para ajudar essa pessoa, para que assim "se manifestasse nele a obra de Deus" (cf. Jo 9,2-3).

Crises são oportunidades de crescimento e amadurecimento, isso vale agora e, evidentemente, isso valeu sempre, inclusive naquela "primeira crise de confiança" e no conflito decorrente entre Deus e os seres humanos, do qual falam as primeiras páginas da Bíblia[8]. Deus é um jogador tão bom que Ele poderia reagir a qualquer jogada errada nossa de modo a fazer cumprir a palavra: "Onde o pecado se multiplicou, mais abundante tornou-se a graça" (cf. Rm 5,20). Isso não deve ser um encorajamento para trapaceiros, mas um desafio para nós principiantes de aprendermos com nossos erros e reconhecermos novas chances onde somos tentados a cair em uma resignação opressora.

Quando tivermos em vista as crises atuais da sociedade, a crise da família, as crises da religião e da Igreja, a destruição da biosfera

---

8. O *Exultet*, o antigo hino pascal do cristianismo, não hesita em designar o "pecado original" como *culpa feliz* (*felix culpa*).

natural e social, não devemos acreditar naqueles que oferecem um denominador simples para tudo e soluções baratas, rápidas e simples (inclusive soluções *exclusivamente* morais e espirituais). Nas reflexões deste livro eu me concentro sobretudo em um aspecto da "crise", mas isso não significa que este é seu único aspecto, e muito menos prometo oferecer a única receita perfeita para um processo de cura tão complexo. Insisto e ressalto apenas que não devemos nos esquecer de uma coisa: que é necessário superar a *crise de confiança* e procurar as fontes da *esperança*. Já Kierkegaard sabia que o desespero (a ausência de esperança) é a *doença para a morte*. Quando o ser humano (ou a sociedade) não possui confiança e esperança ou quando a esperança é substituída por ilusões, ele não terá a força para iniciar aquelas "medidas técnicas" imprescindíveis para a superação de crises.

3
Retorno da religião?

Existe um vínculo entre aqueles dois fenômenos mencionados no início do capítulo anterior, entre o retorno da religião e a crise? Podemos esperar aqui até mesmo um vínculo causal: crises econômicas, sociais e políticas provocam um reavivamento da religião. A objeção segundo a qual a crise (a crise naquele sentido mais restrito da palavra, ou seja, a atual crise econômica) teria irrompido em algum momento do ano de 2007 e que os sociólogos falam de um "retorno da religião" desde as últimas décadas do século XX, não se aplica nesse contexto se partirmos da hipótese de que a crise econômica atual seria apenas mais uma recidiva daquela crise da Modernidade, cujas raízes são muito mais antigas e muito mais profundas.

Vale mencionar aqui também a opinião segundo a qual os primeiros sintomas da recessão econômica atual – e a impossibilidade de manter o modelo do "estado social" vinculada a esta – se teria manifestado no Ocidente já no final da década de 1980 e que, por isso, a pressão política do Ocidente para derrubar a "cortina de ferro" era motivada por necessidades econômicas de abrir novos mercados no Oriente. Mas o desenvolvimento político-econômico acabou se desviando drasticamente do roteiro esperado, pois ele não contava com um componente moral importante na política e na economia. Tanto no Oriente quanto no Ocidente se evidenciou em uma medida inimaginável o fenômeno da corrupção. Sociedades pós-comunistas não estavam preparadas, nem mental nem moralmente, para mudanças tão radicais, e a invasão econômica bem-sucedida confrontou a economia ocidental com uma "tentação" à qual muitos não conseguiram resistir. Em muitos casos, a insaciabilidade provocou ações descuidadas, irresponsáveis e desrespeitosas, e o "capital da confiança" se esgotou rapidamente – o colapso econômico de todo o sistema é, então, apenas uma consequência lógica desse processo.

O "retorno da religião" no limiar do terceiro milênio cristão não é, porém, uma reação a esses fenômenos políticos, econômicos e morais. As mudanças do cenário religioso podem ser interpretadas como um aspecto da "cultura pós-moderna", como reação à Modernidade *com seus próprios meios*.

Podemos definir o início da consciência pós-moderna como conscientização daquela "dialética do Iluminismo" analisado pelos filósofos e sociólogos da Escola de Frankfurt na década de 1960. 1968 foi o ano do auge de um "segundo Iluminismo", do liberalismo da década de 1960, que abarcava fenômenos tão diversos quanto as revoltas estudantis no Ocidente, a "revolução sexual", as tentativas de um "socialismo com face humana", as reformas do Concílio Vaticano II ou a conquista da cultura ocidental, sobretudo norte-americana, pelo espírito da psicologia humanista e de uma psicanálise popularizada e vulgarizada. A despeito de sua heterogeneidade, todos esses fenômenos compartilham da rebelião contra as autoridades e o tradicionalismo. A esperança desse tempo ostenta traços decididamente humanistas. Podemos então ver o humanismo como uma das faces do otimismo cultural, daquela transformação secularizada da esperança cristã como uma das colunas da Modernidade, sobre a qual voltaremos a falar repetidas vezes neste livro.

Logo evidenciou-se, porém, que o humanismo não basta. Abraham Maslow, um dos representantes mais importantes da psicologia humanista norte-americana, seria o primeiro a propagar a transição da psicologia humanista para a psicologia transpessoal – tornando-se assim padrinho da colagem pós-moderna de elementos psicoterapêuticos, gnósticos e místicos, que logo adotaria o nome

New Age. Esse movimento amplo e diverso é, certamente, uma das vertentes de maior destaque dentro das inovações religiosas: por meio de um tipo de espiritualidade que se *orienta pela experiência*, ele tenta ocupar o espaço liberado pelo cristianismo da Modernidade, quando, em vez de introduzir o fiel ao misticismo, ofereceu mandamentos e proibições morais; quando, em vez de instruir o fiel nos mistérios da fé, ordenou o estudo das sentenças do catecismo; e quando, em vez de encorajar o crescimento no caminho espiritual, exigiu obediência incondicional à autoridade eclesiástica.

Uma coisa me deixa perplexo em praticamente todas as inovações contemporâneas da vida religiosa. Enquanto a religião do Ocidente no século XIX – principalmente sob a influência de Kant – era frequentemente reduzida à moral, um traço chamativo do "retorno da religião" atual é o fato de ele ignorar a moral. No atual mercado colorido das religiões, a piedade que melhor se vende é aquela sem qualquer peso de obrigações éticas. Seria esta a mania contemporânea da religião? O advento de um Deus gracioso e dançante, que "se despiu de sua pele moral", como Nietzsche profetizou – hoje, porém, numa forma ainda mais cômica do que até mesmo Nietzsche poderia ter desejado?

Não consigo me livrar da suspeita de que uma das razões para a popularidade das espiritualidades orientais no Ocidente seja o fato de que muitos de seus adeptos as "praticam" em determinada analogia com o esporte ou cursos psicoterápicos do crescimento e autoconhecimento pessoal (fenômenos estes que, por sua vez, ocupam o papel de "religião substituta" para muitos outros no Ocidente), algo, portanto, que exige algumas mudanças excitantes no estilo de vida e assim certamente contribui para a saúde geral e o bem-estar do ser humano, mas não confronta os seus seguidores – ao contrário do cristianismo – com os altos padrões morais. Normalmente, as religiões do Oriente só recebem permissão de entrar no harém espiritual do Ocidente atual se antes se submeteram a uma minuciosa castração moral. Mas será que podemos esperar qualquer fertilidade espiritual desses eunucos do caminho espiritual, que são compreendidos como acessórios cosméticos ou como instrumentos da higiene psíquica?

Segundo Žižek, esse marxista não conformista e "teólogo materialista", a preferência atual do Ocidente pela espiritualidade oriental é, na verdade, um entorpecente, um tipo de *ideologia fetichista* da nossa "era pós-ideológica" – ideologia esta que, em meio ao estresse da dinâmica dos desenvolvimentos tecnológicos e mudanças sociais, aos quais o ser humano na sociedade do capitalismo global não segue mais, promete preservar a saúde e o equilíbrio psíquico por meio do "não apego" e do "não envolvimento". Žižek afirma que Max Weber, caso ainda estivesse vivo nos dias de hoje, acrescentaria outra parte à sua famosa "Ética protestante", intitulada de "Ética taoísta e o espírito do capitalismo global". O fetiche, afirma Žižek, é a "encarnação de uma mentira que nos permite suportar a verdade insuportável". A preservação fetichista de cabelos ou roupas de um falecido pretende encobrir a verdade dolorosa de sua morte e ausência. Por meio do fetiche, o falecido continua magicamente vivo para nós. A "paz da alma", que o ser humano moderno acredita poder evocar a qualquer momento com *técnicas* espirituais, seria de forma muito semelhante também um fetiche que lhe permite esquecer que o ser humano não arrisca uma *transcendência verdadeira*, mas que permanece um membro absolutamente conformado à civilização tecnológica do consumo, mesmo que ele a rejeite em suas palavras.

Eu também suspeito que o esoterismo ocidental atual não oferece uma transcendência real, ou seja, nenhuma saída do mercado e consumo global; bem pelo contrário: ele é um bem que pode ser consumido (e, ainda por cima, um bem barato em sua amoralidade) nos estandes do mercado livre. Algo "espiritual" que oferece caminhos despidos de qualquer responsabilidade moral não pode ser fonte da esperança, é antes uma esperança falsa, uma ilusão, um entorpecente.

Um dos maiores conhecedores do budismo no Ocidente, o professor britânico de filosofia budista Paul Williams, que, alguns anos atrás, surpreendeu a todos com sua conversão do budismo para o catolicismo, cita uma opinião dos mestres budistas do Oriente (mas que também já foi expressada por Chesterton) segundo a qual muitas das pessoas no Ocidente que se consideram budistas não praticam os princípios do budismo, mas os princípios do cristianismo despidos daquilo que muitas pessoas rejeitam no cristianismo e especialmente nas Igrejas cristãs. E baseando-se em sua própria experiência, Williams acrescenta: Quando os jovens intelectuais no Ocidente se decidem entre o cristianismo e o budismo, eles costumam comparar algo incomparável. Na maioria das vezes, seus conhecimentos do cristianismo permaneceram no nível da educação religiosa na escola (e, acrescento, na República Tcheca nem mesmo nisso), enquanto o budismo é representado por pensamentos de filósofos budistas que, por sua vez, nem conhecem as pessoas que praticam o budismo na Ásia. Nada seria mais justo, acredita Williams, se do outro lado da balança existisse algo comparável, as obras de Tomás de Aquino, por exemplo, ou de Anselmo de Cantuária; mas se deste lado existirem apenas catecismos infantis, o "budismo" está – praticamente *in absentia* – destinado a vencer[9].

De forma alguma, porém, pretendo me juntar às fileiras daqueles cristãos que reconhecem em tudo que vem do Oriente, seja ioga, zen ou semelhantes, uma "obra do diabo". Respeito e estimo profundamente não só os verdadeiros mestres dos caminhos espirituais que tive o privilégio de conhecer em minhas viagens pela Ásia, mas também muitos dos meus amigos que se esforçam para inculturar no Ocidente os valores desses caminhos espirituais com a mesma sinceridade dos muitos missionários cristãos e cristãos asiáticos e africanos que tentam inculturar o Evangelho num ambiente não ocidental. "Quando o aluno estiver preparado", diz uma regra da ioga,

---

9. Cf. WILLIAMS, B. *The Unexpected Way*: On Converting from Buddhism to Catholicism. Edimburgo/Nova York, 2002.

"aparecerá o mestre". Temo, porém, que nas sociedades ocidentais atuais o número dos alunos *não preparados* predomine – pessoas curiosas que não buscam uma transformação custosa do coração, mas que são impulsionados por um desejo de experiências exóticas, e esse desejo as leva inevitavelmente para o mercado do esoterismo, para um mercado cheio de *kitsch* e falsos mestres.

❧

Se não consigo identificar uma dimensão ética nos movimentos esotéricos que flertam com a espiritualidade do Extremo Oriente, o que consigo encontrar na segunda forma popular cada vez mais forte da religiosidade atual, nas formas conservadoras e fundamentalistas do cristianismo e judaísmo?

Normalmente, seus seguidores vivem falando em moral; sermões dramáticos e moralizantes representam as tentativas típicas de retornar para a *old time religion*, a religião dos velhos tempos. Uma das raízes mais fortes da influente "direita religiosa" nos Estados Unidos era o movimento, autodenominado Moral Majority Movement (Movimento da Maioria Moral), do reverendo Jerry Falwell, falecido em 2007. É quase assustador quando uma análise mais minuciosa revela que essa agenda moral se concentra quase que exclusivamente em questões que giram em torno do tema sexualidade (abortos, prevenção, homossexualidade, sexo antes do casamento). Os defensores desse tipo de moralidade ignoram, porém, muitas vezes os problemas morais decisivos do nosso tempo, como, por exemplo, as questões éticas da pesquisa científica, da tecnologia, das mídias, da conservação do meio ambiente ou da responsabilidade social. Contanto que não as ignorem completamente, eles respondem a elas na maioria das vezes com uma simples condenação dessas "inovações" ou com a busca tipicamente fundamentalista por respostas na Bíblia (por respostas a perguntas que a Bíblia não levanta e, portanto, não responde). Sua fixação na sexualidade apresenta mais o caráter de uma "indignação moral contra os outros", em vez de oferecer

36

empatia, compreensão, encorajamento e, sobretudo, soluções reais para problemas humanos complexos nessa esfera íntima. Em determinados círculos da Igreja, a questão da prevenção se transformou em *xibolete* (um sinal que permite distinguir amigo e inimigo) para avaliar a ortodoxia de uma pessoa. No âmbito político, cristãos conservadores se mostram dispostos a apoiar qualquer candidato que defenda a criminalização do aborto, mesmo quando isso deflagra uma guerra insensata ou não gera qualquer sensibilidade no âmbito da política social ou da proteção ao meio ambiente. Uma pessoa que, indignada, joga pedra numa mulher que se submeteu a um aborto (ou que o faz simbolicamente com demonstrações barulhentas na frente de clínicas ou parlamentos) cede facilmente à tentação de se colocar no lugar de um Deus justo, sem refletir ou tentar descobrir o que levou aquela mulher àquele passo trágico e sem lhe oferecer apoio material, psicológico ou espiritual que a poderia ter impedido de tomar essa decisão. É como se os tribunos da "direita religiosa" se esquecessem de que nem todos que se escandalizam aos gritos com o mundo corrompido, que exigem a criminalização do aborto ou da homossexualidade são, por isso, heróis da moral.

Esse tipo de farisaísmo evidente, que *confunde moral com "indignação moral"* (lembremos que Jesus castigava os fariseus por causa de seu rigorismo moral tão distante da realidade da vida), representa uma das grandes declarações de falência moral do cristianismo atual. Nietzsche falava da "moralina" com a qual os pregadores da moral envenenavam o mundo em vez de contribuir para aliviar o sofrimento real de muitos. Sem a tentativa de analisar a situação com sinceridade e de buscar (e uso aqui a palavra *buscar* porque atualmente ninguém dispõe de receitas realmente efetivas) soluções reais, a produção de chavões moralizantes baratos não passa de *"kitsch* moral".

Talvez a indignação sobre essa forma do cristianismo seja uma das razões psicológicas (ou talvez também uma racionalização bem-vinda para justificar sua ação diante de si mesmas) pelas quais muitas pessoas no Ocidente abandonam o cristianismo e se voltam para um budismo dos salões ou para um taoismo sem pretensões morais – principalmente sem pretensões no âmbito da moral sexual, do sexto dos Dez Mandamentos, que determinado tipo de cristianismo transformou em primeiro e praticamente único mandamento.

No entanto, a "direita religiosa" conservadora está inquestionavelmente correta em sua tese de que ocorreria um colapso total se, na sociedade atual, a ideologia secularista e o relativismo moral permissivo vencessem em todos os âmbitos; mas ela se engana quando vê a solução na tentativa de reavivar a sociedade pré-moderna. Esse reavivamento é simplesmente irreal, pois a sociedade tradicional idílica, à qual a "direita religiosa" recorre como modelo, nada mais é do que uma ficção romântica: A utopia conservadora dos românticos era o instrumento ideológico de sua fútil luta cultural contra o espírito do Iluminismo. Não precisamos ser propagandistas da ideologia do progresso para saber que a "história não pode ser revertida", apagada ou refreada. Lembro-me aqui das palavras de Franz von Baader: "Pois se Cristo construiu sua *Igreja* sobre a *rocha*, Ele não queria que ela também se transformasse em *pedra*"[10].

O *tipo inteligente* de conservadorismo que o mundo de hoje necessita como o sal na sopa opta não pela continuação dessa luta grotesca contra a Modernidade, mas pelo caminho do diálogo; um exemplo é o famoso diálogo do Cardeal Ratzinger com o filósofo "da esquerda" Jürgen Habermas, que terminou com o consenso mútuo de que o cristianismo e o liberalismo atuais precisam um do outro, pois ambos os lados conseguem corrigir seus desequilíbrios apenas por meio do diálogo recíproco. Esse tipo de conservadorismo introduz um argumento importante na discussão com o relativismo liberal: O relativismo *se esquece de relativizar-se a si mesmo*. Por trás de sua pretensão de tolerância, esconde-se, muitas vezes, a intolerância em relação a tudo que poderia revelar que o próprio relativismo está sujeito àquilo do qual ele acusa o fundamentalismo – *i.e., que ele*

---

10. BAADER, F. *Biographie und Briefwechsel*. Leipzig: Bethmann, 1857, carta 211, 10/11/1834, [org. de F. Hoffmann].

mesmo nada mais é do que uma das muitas alternativas possíveis de ver a realidade; que sua pretensão de compreender todas as "visões do mundo" melhor do que elas mesmas e a legitimação deduzida disso de impor a elas o papel de verdades limitadas e parciais se baseiam na precondição arrogante e indemonstrável de sua própria validade e soberania universal. Se essa crítica "conservadora" ao relativismo conseguisse desmascarar essa pretensão injustificada do relativismo à universalidade (e a pretensão imaginada à posse da única verdade), o resultado não precisaria ser um ceticismo absoluto, mas poderia nos levar ao *perspectivismo* – ao reconhecimento de que *todos* nós contemplamos a realidade sob determinada perspectiva e que justamente por isso precisamos de um diálogo em respeito mútuo do qual ninguém pode ser excluído.

Para o conservadorismo ingênuo e exaltado dos fundamentalistas, o próprio conceito do "diálogo" (uma das palavras-chave do Concílio Vaticano II) funciona como um pano vermelho; por trás do diálogo, ele já reconhece a capitulação e a deserção do serviço fiel na torre de vigia da verdade e da moral. Esse conservadorismo fundamentalista não é capaz de abrir mão de sua pretensão ingênua à validade universal – e assim confirma seu oponente extremamente liberal em sua pretensão igualmente ingênua e igualmente arrogante à validade universal de *sua* ideologia (o que é ainda mais perigoso porque, ao contrário do fundamentalismo conservador, a retórica antifundamentalista não costuma ser desmascarada).

Todo fundamentalismo e fanatismo precisa de um inimigo como instrumento para amedrontar e aterrorizar o mundo. Quando o liberalismo ocidental (que já havia assustado os ideólogos comunistas), as reformas da Igreja após o concílio ou a União Europeia maçônica deixaram de ser fantasmas eficazes, porque as pessoas haviam se acostumado com tudo isso e descobriram que podiam conviver muito bem com essas coisas, o fundamentalismo cristão encontrou um adversário bem-vindo no fundamentalismo islâmico, que havia atraído a atenção do mundo para si mesmo com os eventos de 11 de setembro de 2001. Finalmente, esse tipo de cristianismo romântico pode voltar a vestir a fantasia dos cruzados e vincular o reavivamento do terror diante dos muçulmanos sanguinários com a concepção nostálgica de uma "Europa cristã", imaginada pelos filósofos românticos e autores de romances históricos no século XIX. Aquilo, porém, que realmente me agride nos tradicionalistas é o fato de que eles não buscam uma compreensão real da tradição. Na realidade, a tradição é um rio fascinante, rico e dinâmico de múltiplas formas, mas os tradicionalistas o reduzem sempre a uma única forma que eles – normalmente com um típico mau gosto – tomam como seu modelo e padrão para legitimar a sua visão. Se analisarmos a teologia dos tradicionalistas católicos atuais, veremos que eles escolheram o fragmento menos fértil dentre toda a riqueza desse rio multifacetado da tradição católica – a neoescolástica do século XIX – e o transformaram em seu "fetiche", que lhe permite acreditar equivocadamente que a forma já defunta daquele catolicismo triunfalista da Modernidade tardia continua a sobreviver magicamente. Eles não percebem que, com isso, aderem àquele ideal da Modernidade contra o qual lutam com tanto zelo. Pois tentaram transformar também a teologia em um sistema quase positivista de definições exatas e claras que Descartes exigira com sua ideia do *clare et distincte*[11].

Algo, porém, que é escolhido aleatoriamente e separado do todo e então injustamente apresentado como o todo é – em termos rigorosamente teológicos e linguísticos – uma *heresia*; a "caça aos hereges", a disciplina esportiva mais popular e, muitas vezes, a única atividade dos tradicionalistas fundamentalistas, tem como objetivo real (como sempre acontece em casos de pseudoatividades neuróticas) ocultar diante deles mesmos e diante do mundo que *eles* são os hereges. Diante disso, existe uma necessidade urgente de descobrir a abundância, a riqueza e a profundeza da tradição católica e de passar do "catolicismo" para a *catolicidade* verdadeira.

---

11. O Cardeal Avery Dulles, que dificilmente poderia ser acusado de ser um "modernista", observou certeiramente: "A teologia neoescolástica do século XIX e do início do século XX era – mesmo que rigorosamente ortodoxa – contaminada pelo racionalismo e matematismo cartesiano" (cf. DULLES, A. *The Craft of Theology*: From Symbol to System. Nova York, 1995).

Quando reflito sobre a mentalidade tipicamente militante dos fundamentalistas (sejam eles muçulmanos, cristãos ou judeus), sempre me lembro de uma observação de Slavoj Žižek.

Žižek vê como fonte principal da incompatibilidade religiosa militante não a tendência monoteísta ao exclusivismo (à exclusividade, ao *sentimento* de *possuir* a única verdade e o único Deus verdadeiro), como muitos supõem. O fanatismo e a violência de alguns defensores das religiões monoteístas revelariam, segundo Žižek, seu politeísmo mascarado, sua idolatria. Pois quando um fiel odeia fanaticamente o fiel de outra religião, ele odeia não essa pessoa, mas o seu Deus: ele acredita que sua luta contra aquele incrédulo representa, no fundo, uma *luta entre os diferentes deuses*, uma luta de seu Deus contra um outro deus falso, mas que existe. Um monoteísta verdadeiro, porém, pode ser tolerante, pois ele pode respeitar a pessoa de outra fé, mesmo que a considere uma pessoa que não foi iluminada pela fé verdadeira. Pois não precisa partir da pressuposição de que ela é irremediavelmente má[12].

Se quisermos compreender o tradicionalismo católico atual, precisamos ter a coragem de analisar criticamente o que provoca essa reação infeliz dentro da Igreja e o que a mantém viva. Na década de 1960, o cristianismo passou, principalmente em grandes partes da Europa, por uma crise profunda da qual ela não conseguiu se recuperar completamente. O *cristianismo* modernizado, liberalizado, humanizado e secularizado *com face humana* não trouxe a aproximação da religião ao ser humano moderno. O que ele causou foi confusão nas instituições religiosas e decepção em todos os lados: Os protagonistas de reformas radicais reconhecem nas reformas realizadas apenas uma revolução pela metade, uma revolução incompleta, e

---

12. Cf. ŽIŽEK, S. & MILBANK, J. *The Monstrosity of Christ*: Paradox or Dialectic? Cambridge/Londres, 2009, p. 247.

abandonam a Igreja por causa de seu conservadorismo; os guardiões temerosos da tradição temem as mudanças realizadas e abandonam a Igreja porque ela lhes parece modernista e secularizada demais; os "cristãos de costume" conformados não abandonam a Igreja formalmente, mas deixaram de se identificar com ela e se desprendem dela interiormente; e as pessoas que se encontram numa busca religiosa a consideram entediante e dela já não esperam mais respostas aos seus problemas e perguntas.

Muitas pesquisas explicam a queda do cristianismo eclesiástico com o fato de que as Igrejas estão se esvaziando cada vez mais; na realidade, a crise consiste no fato oculto de que também muitos daqueles que continuam a frequentar a Igreja *afrouxaram sua relação interna com a Igreja em medida considerável*, também com aquilo que a Igreja proclama no campo da fé e da moral. Para grande parte dos católicos atuais, a Igreja deixou de ser "mãe e mestra". Ela se transformou em uma das instituições que oferecem serviços especializados; ela deixou de ser um lar e se transformou em um *shopping center*.

Durante o pontificado de João Paulo II, a Igreja Católica aprendeu em certa medida muita coisa da autorrepresentação midiática do estilo evangélico, e esse papa carismático se transformou aos poucos no ícone midiático mais conhecido do planeta. (Mesmo que as mídias liberais o tenham encoberto com o rótulo de um reacionário durante o auge de seu pontificado, elas lhe "retribuíram" essa "dívida" em certa medida no final de sua vida – como observou um teólogo evangélico. As mídias transformaram a morte e o sepultamento do "papa polonês" e a eleição de seu sucessor em 2005 em um tipo de "paixão global".) Nos estádios em visitas do papa, em Jornadas Mundiais da Juventude, em missas de peregrinação e convenções eclesiásticas (p. ex., nos famosos "congressos católicos" na Alemanha), a Igreja atual oferece – por meio de uma forma que remete à pseudoliturgia das megacerimônias olímpicas – também um tipo de "religiosidade" vivencial. E raramente alguém de dentro da Igreja ousa objetar que, aparentemente, essas vivências não costumam resultar numa fé mais profunda e duradoura – mesmo que a religiosidade necessite indubitavelmente de emoções, vivência e experiência. Em diversos encontros em massa, a juventude celebra freneticamente o papa, mas não se preocupa com aquilo que esse mesmo papa ensina no campo da moral e sobretudo no campo da moral sexual; as pessoas compram lembrancinhas da visita do papa, mas poucas horas após o encontro, muitos já não saberiam mais dizer sobre o que o papa falou.

A Igreja não dispõe mais (graças a Deus) da inquisição, que, no passado, combatia com fogo e espada os menores desvios no âmbito da doutrina da fé; a Congregação para a Doutrina da Fé, o sucessor histórico do Santo Ofício, costumava ser apresentada pelo seu prefeito Ratzinger como instituição que aconselha os teólogos em questões teológicas. Essa instituição possui a capacidade de tornar muito desagradável a carreira acadêmica de alguns professores de teologia que ousaram formular uma interpretação não muito conformista de problemas teológicos sutis, mas evidentemente ela preferiu não perguntar mais em que acreditam os milhões de frequentadores regulares da Igreja Católica. As pesquisas realizadas sobre esse tema deveriam inquietar a Igreja: Uma percentagem considerável daqueles que se consideram católicos substituíram a fé em um Deus pessoal por uma simpatia vaga por um "poder superior" indefinido ou uma "energia cósmica"; transformaram o desafio de Jesus de uma conversão radical em uma moral humanista; a fé no céu e na ressurreição do corpo na expectativa de outras vidas no ciclo da reencarnação, e guardaram a doutrina do inferno e do diabo na caixa com os brinquedos dos filhos. No entanto, devemos lembrar àqueles que se assustam *demais* com esse estado que dificilmente conseguimos reconstruir o que se passava nas cabeças dos "fiéis simples" da Idade Média e que é muito difícil comparar e determinar se aquilo se aproximava muito mais daquilo que os padres pregavam e daquilo que os teólogos eruditos escreviam naquela época. Não sei de onde vem essa ideia de que o cristianismo deve e pode ser uma religião para as massas; certamente creio que é um desafio para todos evitar que ele não se transforme em uma seita da elite dos iniciados. Mas o próprio

Jesus já observou de forma bastante realista que o caminho que Ele oferece é estreito e íngreme e que apenas poucos podem segui-lo. E um ano antes de sua eleição ao papado, o Cardeal Ratzinger recomendou, em um discurso na biblioteca do senado italiano, aos cristãos europeus que assumissem o papel de uma "minoria criativa".

O fracasso do catolicismo liberal da década de 1960 (que continua a mostrar seus efeitos, em grande parte da Igreja ainda hoje, contanto que aqueles que seguiram esse tipo de catolicismo não se separaram pelo menos internamente da Igreja) foi causado principalmente pelo fato de que a contínua aproximação "ao mundo" não foi acompanhada por uma "orientação adequada pela profundeza". A atmosfera na Igreja que ainda era marcada pelo espírito temeroso e defensivo do Concílio Vaticano I era tão abafada e esmagadora que João XXIII teve que abrir todas as janelas para que a Igreja Católica não se transformasse em uma seita de gente estranha. Devemos, porém, admitir que aquilo que entrou na Igreja pelas janelas naquele tempo foram mais os aromas daquele "segundo esclarecimento" dos anos de 1960 e não o vento tempestuoso de um novo Pentecostes[13].

No limiar da Modernidade, quando a Igreja presenciou a abertura dos limites da autoconsciência europeia e invadiu (muitas vezes de modo trágico) o novo espaço descoberto e conquistado pelos europeus, essa ascensão foi acompanhada também pela nova corrente vital do misticismo barroco (principalmente espanhol). Quando, na década de 60 do século XX, a humanidade estava prestes a ultrapassar o limiar do cosmo e a Igreja Católica, após o Concílio, ultrapassou seu próprio limiar e deu um passo corajoso e necessário em direção aos outros cristãos, às religiões não cristãs e principalmente em direção ao mundo secular, ela fez algo que dificilmente pode ser comparado com outro desenvolvimento.

---

13. Os documentos do Concílio refletem o espírito dos grandes teólogos do século XX, dos quais muitos atuaram como conselheiros do Concílio. Na década seguinte, porém, predominam na Igreja o estilo de uma visão "jornalística" externa da *open church* e o interesse por aspectos subordinados e secundários das reformas.

Quais são os frutos do misticismo do século XX que poderiam ter nutrido a Igreja do pós-Concílio? O misticismo de Teilhard de Chardin permaneceu intelectualista demais para influenciar a piedade na Igreja em escala ampla; a piedade dos "movimentos novos", por sua vez, permaneceu tradicional e pietista demais para conquistar as pessoas "no mundo". A mística da dolorosa sede secular por Deus, Simone Weil, evidentemente não conseguiu ultrapassar o limiar da Igreja; e só soubemos que a Madre Teresa de Calcutá não foi apenas uma trabalhadora social grandiosa e um anjo da misericórdia, mas também uma irmã espiritual dos grandes místicos da noite escura da alma, porque alguns de seus textos foram publicados contra a sua expressa vontade anos após a sua morte. A declaração frequentemente citada de Karl Rahner, segundo a qual o cristão do futuro ou será um místico ou não será, se refere a uma questão que, a meu ver, ainda não foi decidida.

Na década de 60 do século XX surgiu nas universidades norte-americanas outro tipo de uma religião bem-sucedida que podemos inserir na vertente do retorno da religião pós-moderna ou "pós-secular": o Movimento Pentecostal ou Carismático (chamado "Movimento da Renovação Carismática" em sua versão católica um pouco menos agitada). A ele cabe o enorme mérito inquestionável de ter despertado em muitos cristãos de todas as confissões a alegria na oração e a alegria na fé.

Teríamos aqui finalmente aquele rejuvenescimento e renovação libertadora da Igreja do cristianismo, que, dessa forma, consegue se contrapor ao desafio gnóstico e neopagão do movimento da "Nova Era" e, ao mesmo tempo, esquivar-se do conservadorismo rígido dos fundamentalistas e do liberalismo esgotado e infértil do "neomodernismo"?

É interessante como esse movimento consegue reunir elementos de duas vertentes radicalmente opostas da mobilização religiosa contemporânea: Ele compartilha com o movimento *"New Age"* (que é rigidamente condenado e demonizado pelos "carismáticos") a ênfase da experiência emocional, enquanto sua teologia se aproxima perigosamente do fundamentalismo (principalmente em sua demonização das religiões não cristãs). Certamente é maravilhoso e um grande mérito que os cristãos pentecostais tenham resgatado a tão negligenciada terceira pessoa da Trindade, e rezo para que eles prestem atenção no sopro do Espírito com o máximo de atenção – pois se o cristianismo quiser se rejuvenescer, a Igreja precisará encontrar sua "biosfera" justamente no Espírito (e não nos compromissos ou nas guerras exaustivas e desgastantes contra o "espírito do tempo" e o "espírito do mundo"). Recentemente, e especialmente na República Tcheca, porém, tenho a impressão de que muitos pentecostais estão dedicando toda a sua atenção zelosa mais aos "espíritos maus" do que ao Espírito de Cristo. O cristianismo liberal expulsou o diabo do salão da religião humanista, mas os fundamentalistas e os "carismáticos" pentecostais se dedicam a ele com uma paixão ainda maior e lhe concedem um espaço importante no mundo atual e o veem em cada canto; o exorcista voltou a ser uma profissão atraente nesses círculos cristãos. Quando observo onde os exorcistas expulsam o diabo hoje em dia (na homeopatia, nos curandeiros e especialistas em curas naturais, em cursos de ioga e sei lá onde mais), eu não me surpreendo diante do fato de que, em meio aos seus "joguinhos com o diabo", eles ignoram os traços *verdadeiramente* demoníacos da sociedade atual. Aquilo em que eles se concentram é, muitas vezes, uma simples superstição (uma confiança exagerada em algo que não merece tamanha fé e tamanha atenção, mesmo que, na maioria das vezes, aquilo seja algo benigno). Em sua história, a Igreja Católica se mostrou na maioria das vezes sabiamente generosa em relação à superstição, a essa psicopatologia incurável do dia a dia e chegou até mesmo a integrar algumas delas e as "batizou"; em tempos em que ela tratou da superstição de modo fundamentalmente diferente – em tempos, por exemplo, da caça às bruxas – ela não se comportou de forma da qual ela possa se orgulhar em retrospectiva. Não duvido de que este mundo precise de exorcismo e de exorcistas, mas aqueles que se entregam a essa tarefa de modo tão irrefletido deveriam conhecer os seus riscos: como sabemos, o diabo é um dialético experiente – e aqueles que pretendem arar a terra com ele, como o fez São Procópio, podem, diante do menor descuido, se encontrar no papel daquele que puxa o arado.

A vertente católica dos movimentos pentecostais da renovação carismática teve, em seus princípios, a sorte de conquistar alguns teólogos significativos, como, por exemplo, Heribert Mühlen na Alemanha e algumas personalidades respeitadas na República Tcheca. Recentemente, porém, parece-me que esse movimento se transformou em um deserto sob o ponto de vista teológico. Ele adotou do fundamentalismo protestante de forma acrítica aquilo que a tradição católica (e sobretudo a tomista) sempre considerou corretamente uma heresia: o pessimismo antropológico, a visão em preto e branco do mundo, no qual existem apenas aqueles que "confessam explicitamente Cristo como seu Salvador" e aqueles que pertencem à massa dos condenados: um mundo em que vale: "Quem não está conosco está contra nós". Falta então apenas um passo para a tentação gnóstica para que os "novos movimentos" invadam a Igreja como um leão que ruge: Às vezes, a Igreja consiste em sua opinião apenas em duas camadas: naqueles cristãos comuns não iluminados e neles, os renovados e iluminados. Quando leio as observações levemente irônicas que São Paulo dirigiu aos carismáticos de seu tempo, eu diria que, já naquele tempo, ele fez experiências semelhantes com esses fenômenos.

Não estou sugerindo que essa lista de fenômenos esgote a cena religiosa atual e descreva suficientemente aquilo a que temos conferido o rótulo "Retorno da religião", e estou ciente de que poderíamos encontrar muitos outros aspectos (também positivos) além daquilo que o olhar rápido e cético de uma pessoa que neles não reconhece sua própria fé consegue captar. Eu me limitei ao que mais chamou a minha atenção e que é mencionado com a maior frequência. Deixei de lado uma série de "movimentos novos" – dentro das Igrejas tradicionais e fora delas – muitos dos quais não podem simplesmente ser atribuídos ao tipo sincretista ao modo do "New Age", nem ao fundamentalismo dos tradicionalistas, nem aos extáticos pentecostais. Mencionei aquelas três formas de religião porque reconheço justamente nelas o esforço de responder à Modernidade, às falhas do humanismo moderno e também às fraquezas daquela versão do cristianismo que se adaptou de forma acrítica ao humanismo moderno. Mas não posso deixar de mencionar que, até agora – talvez em virtude de minha própria miopia –, não consegui reconhecer aquele grande sinal da esperança para o mundo atual[14].

Provavelmente, seria útil e sábio entender o apelo entusiasmado de João Paulo II para a "re-evangelização da Europa" não como apelo para uma cruzada missionária emocional ao modo de uma "mobilização religiosa" triunfalista (como foi interpretado por muitos "movimentos novos" na Igreja), mas como apelo para uma "volta para a escola" humilde e paciente. Se a Igreja, como instituição, quiser ajudar aos seus fiéis em seu esforço de não perecer "neste mundo" com algo realmente significativo que apenas ela pode dar, então ela precisa – como diz o teólogo Nicholas Nash de Cambridge – se transformar em *escola da sabedoria cristã*.

Se a Igreja quiser aprender algo da sinagoga, da qual ela se emancipou no passado, a lição é esta: tornar-se *um lugar de aprendizado* (e certamente também da oração, da celebração e da diaconia) e *estudar* com paciência até ela amadurecer para a tarefa que lhe foi confiada por Cristo: Ide e instruí todas as nações.

---

14. Pessoalmente vejo o debate atual sobre o retorno da religião como algo positivo, pois a religião voltou a chamar a atenção do mundo secular e está sendo refletida pela filosofia pós-moderna contemporânea de forma interessante.

4
Esperança para todos?

Não creio que possamos caracterizar o nosso tempo de modo tão sumário como tão moralmente depravado quanto afirmam os fundamentalistas e sectários, que chamam os seus seguidores com as trombetas do apocalipse e os tambores do medo para fora deste mundo depravado e prometem levá-los para o curral seguro, onde ninguém pode questionar seu monopólio a Deus, à verdade e ao poder. Pois justamente neste nosso tempo – após as experiências terríveis do século XX – os olhos de muitas pessoas se abriram para a seriedade daqueles perigos que as gerações anteriores não tiveram que enfrentar ou que elas subestimaram devido à sua forma ainda embrionária.

Não podemos ignorar que está crescendo o número daqueles que estão assumindo uma responsabilidade real, que substituem o egoísmo pela solidariedade, a crueldade pelo pacifismo, o fanatismo pelo diálogo, a exploração desenfreada da natureza pelo respeito da vida, o racismo e o nacionalismo pelo respeito aos direitos do ser humano e do cidadão. Essas pessoas existem independentemente de sua confissão, entre cristãos e não cristãos, entre fiéis e incrédulos.

Mesmo assim, ainda não encontramos uma resposta adequada à maior ameaça atual – o risco de uma manipulação total da espécie do ser humano.

Aqui se revela o maior paradoxo e a falência da Modernidade: As maiores conquistas de uma razão apaixonada por si mesma levam a uma loucura que não se deixa impedir por nada neste mundo.

Aqui, porém, não ajudam nem uma lamentação que se refugia no passado nem a fuga para o paraíso da bem-aventurança espiritual. Prezo e amo a Igreja Católica justamente porque, com seu alto e claro *não* contra os experimentos irresponsáveis com a espécie humana, ela se tornou uma das últimas defensoras da razão e da consciência nessa área sem o medo de receber o rótulo negativo de "freio do progresso". Pois existem momentos em que os veículos mais potentes se tornam extremamente perigosos quando seus freios falham; e quando nos encontramos à beira de um abismo, a ordem "avançar" não é necessariamente a ordem mais inteligente.

Mas por mais claro que possa ser o protesto e por mais sábios que possam ser os alertas da Igreja, esse serviço não basta para impedir o perigo.

Os últimos obstáculos a passos irreversíveis de experimentos totalmente irresponsáveis com o "material humano" são, hoje em dia, leis precárias (que, muitas vezes, podem ser circundadas e evitadas facilmente). Mas também aqui – como de forma semelhante na questão dos abortos – não podemos delegar toda a responsabilidade a proibições legais e confiar apenas nelas. O desejo de atravessar o Rio Rubicão e de assumir totalmente o controle e a direção sobre o presente da existência humana é forte demais. Esse desejo gosta de se apresentar como aquele desejo da razão de esgotar todas as suas possibilidades: Quem teria a coragem, após séculos de influência do Iluminismo europeu, de assumir o papel do limitador que obstrui a campanha triunfal da razão e da ciência para uma manhã ainda mais luxuriosa?

Pascal já sabia que a conquista mais digna da razão é conhecer e reconhecer seus limites. Nem tudo que podemos fazer (no sentido de "ser capaz") devemos fazer (no sentido de "ter a permissão e obrigação de"). Já São Paulo ensinava: "Tudo é lícito, mas nem tudo convém" (1Cor 10,23). Durante a Modernidade, a capacidade da autodisciplina e autolimitação, a arte da responsabilidade e da "ascese da razão", que humildemente reconhece os limites de seu poder, foi substituída pela lógica do mercado, pela passionalidade da concorrência, pela deificação da fama e, sobretudo, pelo lucro. O *moneyteísmo* é um culto aos ídolos, que exigem sacrifícios humanos de forma mais radical e insaciável do que as deidades do passado: Entrementes, porém, não se trata mais deste ou daquele ser humano ou de grupos específicos de pessoas, agora exigem o sacrifício da própria existência humana. A possiblidade de uma autodestruição da humanidade, representada no passado pelas armas nucleares (e que continua a existir), nos assusta com todo direito; no entanto, vejo na possibilidade de uma destruição irreversível da obra do Criador por meio de uma intervenção irresponsável no fundamento biológico da existência humana uma ameaça ainda mais trágica.

A existência humana recebe um novo *status*. Até pouco tempo atrás, valia que o dinheiro podia comprar tudo, menos a vida; agora, a própria vida está se transformando em um bem comercial – em um produto que pode ser encomendado, programado, corrigido, trocado e substituído.

Ou será que por trás daquilo que acontece nos laboratórios dos engenheiros genéticos há algo mais profundo do que o desejo de lucro e fama? O esforço de assumir o controle sobre o mistério da vida, sobre o mistério da existência humana não é, também, uma expressão da *perda de esperança e confiança* na realidade em si, em seu sentido não fundamentado pelo homem? Não se atualiza aqui aquela mãe de toda culpa, da qual fala a narrativa bíblica do paraíso na linguagem do mito? Quando o homem, *por não confiar* na adequação e seriedade da proibição, comeu do fruto do conhecimento para então se apropriar da árvore da vida?

A megalomania foi condenada frequentemente – sobretudo por pensadores cristãos, como, por exemplo, Masaryk, o primeiro presidente da Tchecoslováquia – como manifestação do orgulho. Mas talvez ela possua ainda outra motivação: o medo da solidão no universo, cujo horizonte de um sentido último foi apagado (como o descreveu Nietzsche de forma dramática em seu famoso aforismo sobre a proclamação da morte de Deus). O "jogo com Deus" não é também um fruto do medo e do tédio que se deu diante do espaço vazio e fechado de um mundo que foi privado de seu mistério? Daquele mundo no qual o ser humano está entregue a si mesmo e no qual ele acredita ter que organizar, produzir e dominar tudo, no qual ele acredita ter que se transformar em seu próprio produto?

Temo que nada deterá o ser humano em seu caminho para a autodestruição se ele não recuperar uma *confiança primordial*, i.e., aquela confiança num sentido que antecede a "atribuição de sentido" em si. Semelhantemente, os filósofos de um "mundo de vivência", especialmente Husserl e Patocka, alertaram sobre as consequências destrutivas que poderíamos sofrer se confiarmos unilateralmente no poder da "tecnologia científica", como o fez o modernismo. Se o mundo não se abrir radicalmente para o ser humano por meio daquilo que descrevemos com a palavra "esperança", é provável que seja em vão apelar à responsabilidade humana. Quando o ser humano deposita toda a sua esperança apenas em suas próprias atividades, temo que sua situação realmente perderá qualquer esperança.

Mas onde é que a responsabilidade humana encontra os seus limites? Se o ser humano permanecesse no estado do não amadurecimento, não usasse o poder de sua razão e esperasse apenas passivamente uma ajuda de fora ou "de cima", a linguagem da ética cristã chamaria essa irresponsabilidade corretamente um pecado de omissão. Existe, porém, ainda um segundo extremo da irresponsabilidade e da arrogância – quando o ser humano superestima e deifica o poder de sua razão ao ponto de não se sentir mais responsável diante de ninguém; quando ouve apenas o eco de sua própria voz e não percebe mais aquela voz que lhe fala por meio da consciência. Quando o homem se deixa cegar e entorpecer por seu sucesso ao ponto de não ouvir mais os alertas de sua consciência, ele dificilmente parará diante daquele abismo em que a história de toda a sua vida pode terminar como fracasso trágico. Isso vale tanto para o ser humano individual quanto para a humanidade como um todo. Quando o monólogo inescrupuloso e presunçoso do poder humano é potencializado *ad absurdum* pelas possibilidades da tecnologia científica atual e futura e não é substituído por uma *relação dialógica do ser humano com o mundo* (e estou profundamente convencido de que esta é o verdadeiro mistério da *fé* religiosa), não vejo caminho para a salvação.

Por isso, posso assinar o que os dois papas João Paulo II e Bento XVI ressaltaram com tanta insistência: Uma religião sem razão é muito perigosa, mas uma razão que não é corrigida por aqueles impulsos éticos e espirituais que têm sua fonte primordial na religião pode ser igualmente perigosa e fatal.

Deveríamos, porém, acrescentar que aquele poço da religião precisa ser purificado de tudo que o contaminou ao longo da história. E mesmo assim não será uma tarefa fácil encontrar essa fonte. Não basta confessá-la apenas superficialmente, e não podemos simplesmente "retornar" para ela. Precisamos *compreendê-la* de maneira completamente *nova*.

Os psicólogos falam do *Ur-Vertrauen* (confiança primordial, *basic trust* em inglês), que se forma na primeira fase da vida no contato entre a criança e a mãe. Segundo alguns psicólogos, até mesmo a relação da mãe com o fruto de seu ventre ainda não nascido se inscreve nas camadas mais profundas da consciência de um ser humano. Quando a necessidade de cuidado e acolhimento amorosos na primeira fase da vida não é satisfeita, essa frustração gera o contrário, uma "desconfiança primordial", que pode acompanhar o ser humano durante toda a sua vida na forma de uma postura negativa e desconfiada em relação à vida em suas mais diversas manifestações e especialmente em seus relacionamentos com outras pessoas. A religiosidade pode ou usar aquela postura de confiança primordial como ponto de contato, reafirmando, aprofundando e cultivando-a por meio do acréscimo de argumentos e outros materiais para a aceitação da vida – ou ajudar a corrigir e curar aquela primeira postura da "desconfiança primordial".

A história (mas também a minha própria experiência clínica e pastoral) me permite, porém, citar também exemplos de uma religiosidade destrutiva (com imagens destrutivas de Deus ou práticas religiosas ou pseudorreligiosas nocivas). Trata-se de manifestações ou de aparência religiosa daquela "desconfiança primordial" ou que ameaçam ou enfraquecem a "confiança" primordial.

Mais cedo ou mais tarde, quando o ser humano ouve, por exemplo, a "mensagem da esperança", que é parte da mensagem cristã (ou outra oferta de esperança), essa palavra cai no solo da consciência (ou inconsciência) humana, que, de alguma forma ou de outra, já foi cultivada ou negligenciada, e a partir daí seu destino pode ser muito diferente, dependendo da qualidade desse "ecossistema". Se ela cair em água rasa, é possível que brote uma planta de entusiasmo ou otimismo superficial, mas que, mais cedo ou mais tarde, será queimada pelo sol, porque lhe falta a raiz; se ela cair no matagal ou nas ervas daninhas de traumas não processados ou experiências primordiais amargas não curadas, ela morre sem dar frutos. Mas se ela cair em solo bom, ela pode produzir frutos e alcançar beleza.

Quando meditamos a parábola da semente de trigo, outra coisa pode vir a ser significativa. Jesus diz da semente de trigo que, se ela "ficar só" (Jo 12,24), ela murcha; ela precisa morrer para criar uma espiga. Jesus está falando sobre si mesmo, sobre o sentido de seu sacrifício. Mas não vale a mesma lei também para a fé humana, para o amor e para a esperança? Essas "virtudes" são dadas ao ser humano apenas em sua forma embrionária – e é apenas quando precisam passar por uma crise, quando sua forma primordial morrer, elas podem se transformar naquilo que a teologia chama as três virtudes teológicas (ou divinas).

Não creio que seja um acaso que dois papas no limiar para o terceiro milênio se dedicaram em suas obras explicitamente ao tema da esperança; o livro mais lido da fase tardia do pontificado de João

Paulo II é intitulado de "Cruzando o limiar da esperança"; e no terceiro ano de seu pontificado, Bento XVI publicou a Encíclica *Spe salvi*, sobre a esperança cristã.

A encíclica de Bento é, sem dúvida, um texto lindo e profundo. No entanto, não podemos negar que a crítica à qual essa encíclica se viu exposta (vinda principalmente do teólogo evangélico Jürgen Moltmann, principal representante de uma "teologia da esperança") era justificada.

O Papa Bento XVI dirige sua encíclica explicitamente não apenas à sua Igreja ao lhe dar o subtítulo de *Sobre a esperança cristã*, mas se atém praticamente no texto inteiro ao esquema do "nós" e "eles": Nós temos uma esperança sólida em Cristo, "eles" vivem num mundo sem Deus e sem esperança. Mas será que a Igreja não deve ao mundo a palavra da *esperança para todos* (aquela palavra que o papa, nessa mesma encíclica, admira no universalismo de Santo Agostinho[15]), a palavra de uma "esperança pura" que se dirige também àqueles que "não nos seguem"? (cf. Mc 9,38). Podermos realmente dizer àqueles que não nos seguem nos dias de hoje o mesmo que São Paulo disse sobre os pagãos de seu tempo, i.e., que "eles vivem num mundo sem esperança e sem Deus" (Ef 2,12)?

Os dois milênios de cristianismo não deixaram impressão nenhuma neles? Não posso negar que fiz a experiência de que muitos daqueles que permanecem fora da Igreja não estão sem Deus e sem esperança; assim como tive que fazer também a experiência complementar de que, muitas vezes, também os cristãos não "têm" a esperança, mas que também eles precisam travar uma luta dolorosa para conquistá-la. De forma muito semelhante em que as grandes figuras da Bíblia hebraica tiveram que lutar por ela (e algumas lutaram literalmente com Deus, como Abraão, Jacó ou Jó); de forma muito semelhante em que Jesus de Nazaré teve que lutar pela esperança e pelo sentido na escuridão de Getsêmani e da cruz.

---

15. Cf. *Spe salvi*, art. 29 e 30.

Muitos daqueles que se consideram ateus são mais cristãos do que imaginam. Alguns deles dão ao "nosso Deus" simplesmente um nome diferente, porque a nossa fala de Deus não os alcançou ou porque a ouviram de uma forma e de bocas que não lhes permitiu aceitá-la com sinceridade. Outros, que rejeitam "Deus", rejeitam muitas vezes um ídolo, uma caricatura de Deus; outros rejeitam Deus não por arrogância ou indiferença, mas lutam com Ele na escuridão da noite.

O pensamento fundamental da encíclica, segundo o qual aquele "que não conhece a Deus [...] está sem esperança"[16], certamente expressa uma verdade profunda. Às vezes, porém, ela a expressa de maneira perigosa, ou seja, com o risco de um equívoco.

Eu também acredito que as palavras "Deus" e "esperança" sejam inseparáveis em sua essência, pois ambas visam à mesma realidade, à experiência da abertura do mundo e da vida humana. Mesmo assim, aquela pessoa que "não conhece a Deus" nesse sentido porque não o confessa ou o designa com essa palavra também pode ser um ser humano da esperança, e sua esperança não precisa necessariamente degenerar em ideologias da salvação mundanas. *Talvez o tema teologicamente mais interessante seja, por isso, a "esperança dos incrédulos".* Acredito que a fé e o próprio Deus estejam presentes em sua vida justamente na forma da esperança.

O papa fala de uma "atual crise da fé que, concretamente, é sobretudo uma fé da esperança cristã"[17]. Mas será que a "crise da esperança cristã" é, realmente, uma crise da esperança? E é realmente tão fácil distinguir a esperança "cristã" da esperança "não cristã"?

Deus – contanto que realmente seja o Deus único e universal, o Criador e Redentor de todas as pessoas, ou seja, o Deus do qual Jesus fala nos evangelhos e que os cristãos confessam no Credo (ao contrário das deidades regionais ou tribais, às quais apenas determinados grupos de pessoas têm acesso) – tem uma história com

---

16. Cf. *Spe salvi*, art. 27.
17. Ibid., art. 27.

cada ser humano. Ele deseja entrar no santuário de cada coração, e quando uma pessoa não consegue se abrir para ele por meio de uma fé explícita (principalmente quando isso ocorre "sem culpa"), Deus pode, mesmo assim, bater à sua porta e, de modo humilde e criativo, procurar outro caminho para o seu coração, sobretudo um caminho em que a fé só pode estar contida "implicitamente".

"Eu te mostrarei a minha fé por minhas obras", afirma o Apóstolo Tiago (Tg 2,18), e também a famosa descrição do Juízo Final no Evangelho de São Mateus mostra claramente que existe uma "fé anônima" implícita nas obras do amor, na assistência eficaz ao próximo que passa por necessidades: "Todas as vezes que fizestes isso a um desses meus irmãos menores, a mim o fizestes" (Mt 25,40).

Sabemos de duas grandes santas da Modernidade tardia, de Teresa de Lisieux e Madre Teresa de Calcutá, que elas *"não tinham* a fé" durante um longo período (ou não a conseguiam sentir e perceber). Mas elas tinham o *amor*. O amor, a fé e a esperança representam, em sua essência, uma unidade, ensina o Apóstolo Paulo, e também o Papa Bento nos lembra disso em sua encíclica. Às vezes, a fé se esconde no amor, se "encarna" no amor, assume a forma do amor; o próprio apóstolo ensina que o amor é o maior e persiste também quando a fé já cumpriu a sua missão de peregrinação.

Será que a fé pode se encarnar e se manifestar também na esperança? Será que a fé pode ser "representada", atualizada e presenciada pela esperança – em outras palavras: *podemos ver determinada forma da esperança dos "incrédulos" como sua fé "implícita"*? Isto é: Deus pode estar presente na vida de uma pessoa (apenas) por meio de sua esperança?

"É na esperança que fomos salvos" – essa citação que se encontra na primeira linha da encíclica mencionada e que lhe dá seu título parece dar uma resposta positiva a essa pergunta; ao *sola fide* de Lutero podemos, aparentemente, acrescentar o princípio *sola spe*. Logo em seguida, o papa iguala a fé à esperança; no entanto, ele recorre a formulações que – como Moltmann observou certeiramente – transmitem a impressão de que os cristãos detêm o monopólio à esperança.

Determinada passagem da encíclica afirma – e, aparentemente, isso escapou à atenção de Moltmann – que precisamos não só de uma crítica e autocrítica do pensamento secular moderno, mas que precisamos também da autocrítica do cristianismo moderno e que também os cristãos precisam "redescobrir em que consiste a sua esperança e o que ele pode ou não oferecer ao mundo" e que "o cristianismo precisa aprender a compreender a si mesmo"[18] no diálogo do cristianismo com um pensamento secular autocrítico[19].

No entanto, procurei em vão uma resposta na encíclica à pergunta sobre qual seria o fruto desse aprendizado. Certamente uma encíclica não é um gênero que permite oferecer respostas a todas as perguntas levantadas por um tema tão exigente; mas talvez o silêncio do papa seja uma admissão humilde de que esse processo de aprendizado está longe de alcançar seu fim. E justamente por isso podemos ler essa encíclica como um encorajamento para uma reflexão contínua.

Em sua encíclica, o Papa Bento cita a visão de Kant do ano de 1792: "A passagem gradual da fé eclesiástica ao domínio exclusivo da pura fé religiosa constitui a aproximação do Reino de Deus". Hoje sabemos que esse projeto falhou: A transição da "fé eclesiástica" para a religião pura dentro dos limites da razão pura se transformou rapidamente em religião da razão, em idolatria da razão, e esta falhou miseravelmente na tentativa de criar o céu na terra; tratava-se de um beco sem saída do cristianismo.

---

18. *Spe salvi*, art. 22.
19. Evidentemente, Ratzinger pensa aqui, p. ex., na dialética do esclarecimento de Adorno e Horkheimer.

Hoje somos confrontados com uma oferta totalmente diferente, com a transição da religião eclesiástica para a *religião dentro dos limites da mera vivência*, para uma religião puramente emocional (sem dogmas e sem razão). E o fundamentalismo oferece uma terceira alternativa: voltar para um tempo anterior a Kant, anterior ao Iluminismo, em direção a uma fé sem perguntas. No entanto, não podemos recomendar nenhum desses caminhos ao cristianismo. Caso contrário, poderia se cumprir aquilo que Kant escreveu três anos depois, talvez sob a influência daquilo que ele ouviu sobre o desenvolvimento na França pós-revolucionária – citamos novamente Bento XVI: "Se acontecesse um dia chegar o cristianismo a não ser mais digno de amor, então o pensamento dominante dos homens deveria tomar a forma de rejeição e de oposição contra ele; e o anticristo [...] inauguraria o seu regime, mesmo que breve (baseado presumivelmente sobre o medo e o egoísmo). Em seguida, porém, visto que o cristianismo, embora destinado a ser a religião universal, de fato não teria sido ajudado pelo destino a sê-lo, poderia verificar-se, sob o aspecto moral, o fim (perverso) de todas as coisas"[20]. Em que consiste a esperança de que essa visão apocalíptica do pensador de Köngisberg não se cumprirá? Talvez justamente naquilo ao que o Papa Bento aludiu em sua encíclica, mas que não explicou: naquele *processo de aprendizado* no qual o cristianismo autocrítico se expõe ao diálogo com o pensamento crítico contemporâneo, com aquele pensamento que pretende superar a herança da Modernidade. Pois existe ainda outra forma do retorno da religião atual: o retorno da religião como um tema que inspira o pensamento filosófico atual.

Logo após publicar a encíclica, o Papa Bento XVI anunciou o "Ano de São Paulo". Desde então, observo com atenção para ver se não se manifestaria um fruto intelectual e espiritual desejável do Ano de São Paulo: se a Igreja criará a coragem para continuar aquele caminho iniciado por São Paulo, quando ele levou o cristianismo

---

20. Ibid., art. 19.

jovem para além do contexto de uma cultura e de uma nação (o judaísmo) e em direção à *abertura universal*.

Talvez o traço mais característico da esperança cristã consista no fato de que ela não é apenas "cristã" – que ela não se dirige aos membros de uma comunhão (já fechada), mas instaura essa comunhão e a mantém aberta. Isso significa que devemos não só ampliar as fileiras da Igreja no contexto da comissão missionária, mas entender a comunidade da fé, da esperança e do amor como comunidade sem fronteiras. O desafio de construir o "novo Israel" deveria, evidentemente, não ser compreendido como ordem para construir um "Israel adicional", um "segundo Israel" – a *Igreja* como instituição entre as instituições e o "cristianismo" como uma religião entre outras religiões (mesmo que como a "única verdadeira"), o cristianismo como "terceiro povo" *ao lado* de judeus e gentios. Os discípulos de Jesus devem ser a luz do mundo e o sal da terra: devem ser um elemento útil para o pão feito com a farinha de muitas espigas de trigo e para o vinho produzido de muitas uvas.

Isso não é uma nostalgia romântica que deseja retornar para o "cristianismo primitivo" ou o esforço de apagar a história da Igreja como um grande equívoco. O cristianismo assumiu, assume e assumirá nas dramáticas transformações históricas as formas mais diversas, das quais nenhuma foi, é ou será ideal e definitiva. O fato de que sua forma atual está passando por uma crise séria (e o papa diagnosticou essa crise corretamente como "uma crise sobretudo da esperança cristã") abarca a esperança de que o cristianismo de amanhã, caso passe pelo processo de transformação necessário, se conscientizará de sua mensagem num nível mais profundo. Toda crise é uma chance. Se a esperança dos cristãos resistir a essa crise, haverá a possibilidade de que ela amadureça e se torne a esperança *para todos*.

Em 1º de abril, na véspera da morte de seu antecessor, Josef Ratzinger apresentou ao mundo dos "não crentes", numa palestra no Mosteiro de Subíaco, uma proposta interessante. A ciência moderna nos ensinou a conviver com a hipótese de um "ateísmo metodológico", a orientar o nosso pensamento "como se Deus não existisse" (*etsi Deus non daretur*). Pergunto-me, porém, se hoje todos nós – também aqueles que não dispõem de uma segurança religiosa, "que não são capazes de encontrar um modo de acolher Deus" – não deveríamos trabalhar com a hipótese contrária no âmbito ético – ou seja, viver, comportar-se e decidir "como se Deus existisse" – *veluti si Deus daretur*.

Creio que, hoje em dia, essa proposta não precisa mais provocar o medo de que ela representaria uma sedução para uma moral heterônoma pré-iluminista; é evidente que isso nos encoraja para uma ética da responsabilidade transcendental – para uma ética que, de forma alguma, se nega à razão, mas que conta com uma razão não narcisista que se abre para a voz da consciência (como Ratzinger gosta de ressaltar). Talvez essa postura se aproxime bastante dos postulados kantianos da razão prática. Pois quando Kant identifica e postula a fé em Deus, na imortalidade da alma e na liberdade humana como as três precondições para aquele espaço em que um ato moral adquire um sentido, ele também fala da esperança.

Mas será que um Deus hipotético e postulado pode oferecer um apoio suficientemente forte para um ato moral? Ou será que, com isso, estaríamos convidando o "incrédulo" que estaria disposto a aceitar esse postulado (como, p. ex., na famosa aposta de Pascal na existência de Deus e da vida eterna que, sob o ponto de vista da probabilidade, não pode ser perdida) para um diálogo, dizendo-lhe que também a nossa fé se fundamenta mais na esperança do que em "provas" e certezas calculáveis? "É na *esperança* que fomos *salvos* – essas palavras de Paulo são a pedra angular da encíclica de Bento e uma chave essencial para a soteriologia paulina.

Somos salvos porque temos esperança. (Seria a salvação então a recompensa por não cedermos à tentação do desespero, do ceticismo ou da descrença?) Ou será que essa sentença pretende expressar que aquilo pelo qual nos orientamos representa para nós a esperança da salvação? A teologia supera esse dilema com a afirmação de que a esperança é, como a fé também, uma "virtude divina infundida", ou seja, uma dádiva de Deus e, ao mesmo tempo, um ato da liberdade humana, da escolha humana. A "esperança cristã" é, portanto, uma realidade divino-humana – de modo semelhante como o cristianismo reconhece em Jesus Cristo e na Igreja essa união de divino e humano; é justamente essa visão da esperança como um *lugar do diálogo de Deus com os seres humanos* que representa a contribuição especificamente cristã para a reflexão sobre a esperança.

Este é o objeto da minha fé e da minha esperança: Aquele que não se rende à Cila da resignação, do cinismo, do desespero ou do estarrecimento em "seguranças" uma vez alcançadas, à Caríbdis das ilusões e as projeções dos desejos (de seus próprios e dos desejos da própria cultura e civilização) e escolher o caminho de uma *esperança radicalmente aberta* toca (considerando-se uma pessoa crente no sentido religioso ou não) as palmas daquele que é o Doador de toda a esperança verdadeira.

5
A crise como berço da esperança

Já mencionei a generosidade da Igreja Católica diante das muitas formas de superstição; um exemplo charmoso é o culto a Santo Antônio como "padroeiro das causas perdidas". Confesso que preciso importunar o querido Antônio frequentemente com pedidos de intervenção, especialmente quando procuro desesperadamente algum volume nas pilhas de livros que, há muito, não cabem mais nas estantes e se espalharam por todos os outros móveis e pelo chão. Existe um acordo oral entre mim, Deus e Santo Antônio de que o nosso acordo funcionará (em algum momento), mesmo que nenhum de nós três leve isso muito a sério. Recentemente, porém, uma mulher sábia me deu uma lição teológica. Ela me disse que a intervenção de Santo Antônio vale apenas para causas *perdidas*, não para os guarda-chuvas de professores distraídos ou os livros no caos de um bibliófilo que não consegue se controlar numa livraria e que cultivam o pecado da gula intelectual; que Antônio possui mais competências em casos de batalhas perdidas do que de guarda-chuvas perdidos, mais em casos de processos jurídicos do que de documentos perdidos. E pouco tempo atrás encontrei aos pés de uma estátua de Santo Antônio uma oração pelo retorno de uma fé perdida. E é verdade: A fé perdida se compara mais a uma batalha perdida do que a um objeto perdido por falta de atenção.

Como é possível perder a fé e as outras virtudes divinas – o amor e a esperança? Certamente não perdemos a fé da mesma forma como perdemos uma carteira; certo dia constatamos surpresos que a nossa fé deixou de exercer uma influência sobre a nossa vida há muito tempo e que a nossa piedade murchou lenta e sorrateiramente como uma planta no vaso que deixamos de regar. Quando o amor resseca, isso significa a falência de um *relacionamento*. E quando a esperança, à qual o famoso provérbio promete levianamente que ela é "a última a morrer", isso também significa o fracasso de uma relação, da nossa relação fundamental com o mundo e com a vida, da nossa relação com a fonte da vida.

Eu conheci pessoas para a qual a esperança morreu, e não se tratava apenas de uma esperança concreta e específica, mas do entusiasmo que as mantinha vivas; quando essa esperança morre, resta apenas uma vida em estado vegetativo. Tratava-se sobretudo de pessoas que precisaram sofrer por um período longo demais (mais adiante ouviremos as palavras de Simone Weil sobre isso) ou cujas decepções na vida estavam ligadas a um trauma que assolou o santuário mais íntimo de sua vida interior, deixando para trás uma ferida aberta cheia de pus.

Existem meses e até mesmo anos em que precisamos lutar pela esperança todos os dias. Existem longos períodos na vida em que entendemos perfeitamente as palavras com as quais o Apóstolo Paulo descreveu o que acontecia com ele e dentro dele: do lado de fora, lutas; do lado de dentro, medos. Existem trechos no caminho da história da sociedade e da Igreja ao longo dos quais o mal e a confusão, a decepção, as dúvidas e as preocupações nos envolvem como uma neblina densa que não nos permite reconhecer nem mesmo o próximo passo nesse caminho.

Sim, eu também conheço esses momentos. À noite, quando o ministério me confronta com a selva escura das dores e das fraquezas humanas, com os problemas mais complexos, quando não consigo encontrar palavras de aconselhamento e de conforto que não sejam vazias e batidas, e quando, de manhã, eu preciso voltar para o lamaçal da barbárie e me canso dos ataques constantes do inseto venenoso da maldade humana, da inveja, da estupidez e do ódio, as reservas naturais da minha fé e da minha esperança se esgotam. Então me pergunto: A esperança cristã (ou seja, não a "esperança para os cristãos", mas a esperança como a Bíblia e a fé cristã a entendem e como também o autor deste livro tenta entendê-la e se esforça a transmitir essa compreensão), a esperança como "virtude divina", não costuma nascer justamente ali onde todas as outras formas (ou imitações) da esperança falharam?

João da Cruz afirma que as três virtudes divinas nascem ou se expressam plenamente quando as três "qualidades naturais da alma" (memória, intelecto e vontade) alcançam seus limites ou se deparam com um beco sem saída. Elas nascem *da noite escura*, ou seja, de uma grande crise da vida religiosa; a noite escura purifica aquelas capacidades naturais do ser humano e faz brotar as virtudes divinas da fé, do amor e da esperança, que talvez estiveram presentes como potencial e *in nuce*, assim como a espiga nasce da semente morta.

A esperança é um desses "filhos póstumos" da memória; para Agostinho, a memória era o "órgão privilegiado do conhecimento de Deus" (Agostinho não negava suas raízes platônicas – a teoria platônica da *anamnesis*, da lembrança da alma de sua origem divina), mas no místico barroco João da Cruz já podemos reconhecer na *esperança* aquele caminho que procura Deus não no passado primordial, mas no futuro escatológico absoluto.

Memorizemos este pensamento e nos agarremos a ele: *A esperança nasce da crise*; a esperança, aquela irmã divina da fé, nasce da crise religiosa. Na vida de uma pessoa individual ou de toda uma cultura, a "crise religiosa" *pode ser* um berço da esperança, uma porta aberta para o Deus da esperança.

Talvez a frequente esperança humana "comum" contenha o germe daquela esperança que este livro tem em vista. Talvez essa esperança oculta seja gerada e *purificada* na crise e no fracasso. Esta é a razão pela qual deveríamos tratar toda esperança humana com respeito e sensibilidade (contanto que não se trate de uma (auto)ilusão evidentemente prejudicial). *É possível que toda esperança humana contenha mais do que o objetivo ao qual ela visa conscientemente,* mesmo quando esse objetivo for humanamente tão grande e valioso quanto a nossa própria cura ou a cura ou salvação das pessoas que mais amamos.

Sempre me assusto quando leio aquela passagem no Livro de Samuel do Antigo Testamento em que Davi chora e implora pela cura de seu filho, mas quando entende que a criança morreu, ele se acalma, se lava e se senta à mesa para comer. A resposta pragmática que Davi deu aos seus servos igualmente assustados nunca me satisfez: Se essa tentativa de desviar o castigo divino com prantos, lágrimas, súplicas e jejum não teve o resultado desejado, todo o sofrimento foi em vão, pois a criança está morta e nada conseguirá ressuscitá-la. A esperança de Davi, nascida nas dores da penitência, quando as palavras de Natã lhe revelaram o tamanho de sua culpa, não terminou com o fracasso de seus esforços de impedir a morte da criança, mas lhe deu a força de se erguer também em meio a esse luto e continuar a sua vida, de voltar para o caminho divino do qual ele se desviou tão facilmente ao ceder aos encantos da esposa de Urias.

Em seu ensaio profundo sobre a esperança[21], o médico e filósofo Herbert Plügge escreve em suas reflexões impressionantes sobre as experiências clínicas com pacientes moribundos: "Onde a esperança se torna absolutamente concreta, onde ela se torna absolutamente evidente e onde ela desdobra todo o seu poder? A resposta precisa ser: na necessidade, no desespero". E ele acrescenta: "Sim, podemos demonstrar facilmente que a esperança das pessoas sem cura surge

---

21. PLÜGGE, H. Über die Hoffnung. In: *Wohlbefinden und Missbefinden* – Beiträge zu einer medizinischen Anthropologie. Tübingen, 1962, p. 38-50, 39, 44s. As citações nesta passagem são das p. 44-48.

justamente quando as esperanças do dia a dia comum são destruídas. É na perda da esperança ordinária do dia a dia que nasce a esperança verdadeira.

Mas reconhecemos também uma segunda característica dessa distinção: a esperança do nosso dia a dia, dos nossos falatórios deseja que isto ou aquilo aconteça, que isto ou aquilo ocorra de modo favorável a nós, que o mundo nos dê isto ou aquilo. É uma esperança voltada para as coisas do mundo, para coisas desnecessárias, para eventos que nos acontecem vindos de fora. Seus objetivos são substituíveis, mas o objetivo é sempre *um*, concreto e definido. A esperança está sempre ligada ao objeto. E justamente por isso ela sempre e necessariamente possui um caráter *ilusório*: pois é duvidoso se isto ou aquilo acontecerá. E assim essa esperança – como também a ilusão – sempre anda de mãos dadas com a *decepção*. Pois ela sempre visa ao mundo, muitas vezes, até mesmo apenas ao mundo dos nossos desejos, cuja essência são o acaso e a contingência"[22]. Mas a decepção traz consigo a possibilidade da libertação das ilusões – e, paradoxalmente, é apenas a ruína total que gera uma esperança diferente, que – como mostram os exemplos concretos na análise de Plügge – "nos leva para o indefinido, nebuloso e informe". "Essa esperança não visa a algo mundano, a um objeto pertencente ao mundo, mas possui o sentido de garantir ao paciente que se sente perdido, cujo colapso é evidente, o futuro; não o futuro deste ou daquele tipo, mas o futuro em si." Seu objetivo já não é mais que a doença, a dor e todos os sintomas desapareçam, mas a "cura" da pessoa. Se o único objetivo dessa esperança fosse a cura física, ela não passaria de uma ilusão; mas quando a esperança é acompanhada, por exemplo, por uma grande paciência para suportar o sofrimento e a morte, por uma superação surpreendente da postura egocêntrica e do medo ou até mesmo por certa "independência espiritual da doença", então se evidencia que há algo mais forte em jogo aqui do que a ilusão. Plügge escreve: "A experiência dessa esperança é uma experiência de uma referência que transcende a nossa própria existência".

---

22. Ibid., p. 44.

Segundo Plügge, cada esperança é uma expectativa, mas nem toda expectativa é uma esperança; uma esperança é sempre a expectativa da existência de algo que salva[23], mas a concepção dessa salvação permanece, em certa medida, indeterminada e se adapta ao caráter da ameaça original.

Em sua profunda análise fenomenológica da esperança, que parte de sua rica experiência como médico com pessoas que sofriam e estavam morrendo, Plügge nunca recorre levianamente para uma terminologia religiosa; pelo contrário: Ele ressalta que a esperança da qual ele fala é o destino essencial de cada pessoa, que não se trata de uma esperança especificamente cristã, mas de sua "pré-forma natural", da "matéria-prima", por assim dizer. Apenas no fim de suas reflexões, ele se ocupa com a relação entre esse tipo de esperança humana e a "virtude cristã da esperança", que sempre é também uma esperança de ressurreição.

Devemos resistir à tentação de permitir que a correnteza do pensamento teológico sobre um fenômeno que, muito provavelmente, é muito mais comum do que imaginamos, mais comum do que os livros religiosos nos levam a acreditar, sobre um fenômeno que pode interessar também àqueles que normalmente não leem os "livros religiosos".

Por trás de cada dependência se esconde um anseio, afirma o título de um estudo logoterápico sobre a terapia de dependências; no entanto, também os muitos anseios humanos cotidianos podem conter pelo menos o germe daquilo que, neste livro, chamamos de esperança verdadeira.

"Quando um marinheiro vai para um prostíbulo, no fundo, ele está à procura de Deus, só que ele não o procura no lugar certo", diz, se eu me lembrar corretamente, um personagem num romance de Bruce Marshall – bem no espírito da teologia e psicologia de Santo Agostinho. No entanto, só podemos desejar a esse homem que ele

---

23. Lembro aqui uma sentença de Hölderlin: "Onde há perigo cresce também aquilo que salva".

não demore a reconhecer seu equívoco religioso, pois muitas ofertas para a satisfação do anseio humano por transcendência ou felicidade celestial vêm acompanhadas de riscos higiênicos e de outros tipos.

~~

Mais acima neste capítulo mencionei experiências dolorosas pessoais e creio que devo aos meus leitores não me limitar a contemplações abstratas, mas revelar "a minha própria pele" e narrar as experiências que eu fiz pessoalmente.

Talvez a melhor provação da minha fé tenha sido a decepção na Igreja e com a Igreja pouco após 1989, o ano da virada; certamente não foi, "em termos objetivos", a pior coisa que já me aconteceu na vida, mas foi a coisa mais dolorosa, pois veio de um lado inesperado. Em retrospectiva, essa crise encerrou o segundo capítulo da minha história da fé e iniciou o terceiro. Eu nasci num ambiente em que dominava um desinteresse completo pela religião, uma mistura do ateísmo natural predominante, de um agnosticismo recatado e de uma indiferença em relação a perguntas metafísicas. Durante meu período de crescimento, nasceu em mim a primeira forma da fé, uma "fé filosófica" indeterminada, resultado de reflexões metafísicas da pós-adolescência, de um estudo diletante da filosofia e de uma resistência fundamental contra o ateísmo estatal obrigatório imposto pela escola e a propaganda onipresente do regime. Na época, eu ainda não sabia que meu "Deus dos filósofos" teria muito em comum com aquilo que se passava longe de mim, em algum lugar nas Igrejas: eu nutria alguma simpatia intuitiva pelo mundo da Igreja, como por tudo que era condenado pelos comunistas, mas a Igreja não era o meu mundo.

A segunda fase da minha conversão se deu por meio do encontro com uma série de personalidades sacerdotais – cujo caráter, espiritualidade e teologia haviam amadurecido nas prisões das quais eles haviam sido liberados apenas na época da "Primavera de Praga", em 1968, após muitos anos de cativeiro. Conheci uma Igreja decimada, perseguida e privada de todo poder e de toda propriedade, mas que era forte em decorrência da sinceridade das testemunhas que haviam passado pelo fogo; comecei a acreditar nela e me apaixonei por ela. A Igreja – aquela forma da Igreja que conheci – passou a exercer um papel importante na minha fé. Quando eu sofria com o fato de que algumas das minhas perguntas não eram respondidas satisfatoriamente, eu recorria ao princípio *ecclesia supplet*: Quando *esta* Igreja afirma algo, eu confio em sua sinceridade e veracidade, confio na experiência de seus santos e místicos, na sabedoria dos grandes teólogos, em cujas obras eu começava a me aprofundar. Nessa atmosfera, nasceu em mim a minha decisão de me tornar padre: essa fé me alimentou e nutriu nos anos de minha vida arriscada e aventureira como padre na ilegalidade. Eu esperava vivenciar a liberdade da Igreja em algum momento do futuro? Não consigo encontrar uma resposta a essa pergunta em retrospectiva, apesar de me ter esforçado bastante para encontrá-la. Aparentemente, minha razão, que aderia a um pessimismo realista ("o comunismo permanecerá por todos os tempos"), conflitava com o anseio e a intuição de mudanças improváveis para melhor. Como acontece muitas vezes, a história confirmou a intuição e refutou a rejeição "racional": o comunismo caiu. Passamos por uma experiência chocante de um milagre, ficamos tontos de tanta liberdade.

Mas foi justamente naquele período que caí na talvez maior crise da minha vida: na grande decepção na Igreja e sobre a Igreja. Aquilo que muitos candidatos idealistas ao sacerdócio precisam aceitar já no seminário só me alcançou na idade madura, e visto que a Igreja exercia um papel importante no mundo da minha fé, os fundamentos desse mundo permaneceram abalados por um bom tempo. Não quero cansá-lo com uma descrição minuciosa daquilo que me preocupava na época. Por um lado, tive que constatar com surpresa como muitos católicos, inclusive muitos padres, demonstraram uma falta daquela sinceridade pessoal que eu prezava tanto naqueles padres que haviam me fortalecido em minha fé e que me acompanharam em meu sacerdócio. Parecia-me que o pequeno barco da Igreja Católica checa, assim que foi jogado na liberdade do mar aberto, decidiu seguir

70

um curso errado – e que minhas tentativas de gritar e alertar em voz alta foram em vão. Em terceiro lugar, surpreendeu-me dolorosamente o fato de que tive que constatar nas posturas de determinados representantes da Igreja (da liderança da faculdade teológica da época) os mesmos traços que haviam me enojado nos funcionários comunistas, naquelas pessoas autoconfiantes que acreditavam "possuir a verdade", que, sob o manto do serviço a uma "causa sagrada", defendiam inescrupulosamente apenas seus interesses pessoais ou os interesses de seu grupo. O pior foi, porém, saber que, dessa vez, eu não estava enfrentando monstros humanos como no caso dos funcionários comunistas, mas sem dúvida também homens crentes, piedosos, "versados nas Escrituras", que agiam de "boa vontade" – mas que todo o equipamento católico não lhes ajudava a agir de modo diferente quando se deparavam com alguém que se desviava de seu esquema ideológico. Para que, então, serviam piedade, teologia, Igreja e fé? Em retrospectiva, esta era a pergunta mais urgente que me preocupava.

Em retrospectiva, nada de mal me aconteceu, pelo contrário: Hoje, sei que os funcionários da faculdade teológica foram apenas o grande peixe de Deus que me levou não para Társis, mas para Nínive, como aquele monstro marítimo na história de um Jonas confuso, mesmo que eu lhes tenha causado uma séria indigestão. Esta é uma experiência frequente minha e de muitos outros: Aqueles que mais tentam nos prejudicar são aqueles que mais nos ajudam; aquilo que nos dói e contra o qual nos revoltamos é, muitas vezes, uma transferência do lugar em que não devemos estar para o lugar onde Deus realmente precisa de nós. (Além disso, estou ciente de que, na época, eu não era apenas uma vítima inocente, mas que a minha falta de experiência, o meu zelo ingênuo e a impaciência contribuíram para o agravamento dos problemas.) Hoje eu sei que a minha saída dramática da faculdade teológica foi, provavelmente, não só a decisão mais feliz da minha carreira acadêmica, mas também uma experiência valiosa na vida da minha fé. Parece que, muitas vezes, tantas derrotas aparentes e experiências injustas nos enriquecem muito mais do que quando nossas expectativas superficiais e muitas vezes banais se cumprem, contanto que estejamos dispostos a aceitá-las e processá-las.

No entanto, aquilo que hoje, quase duas décadas mais tarde, vejo com tanta clareza eu não consegui enxergar na época. Na época, havia apenas escuridão. Em retrospectiva, reconheço que existiam dois abismos, duas tentações às quais provavelmente muitas pessoas religiosas decepcionadas (e principalmente padres) sucumbem em situações semelhantes: a de voltar as costas para Deus, para a fé e para a Igreja (muitos ateus passionais, inimigos do clero ou "dissidentes da Igreja" nascem em momentos semelhantes) e a de se conformar externamente e se tornar um "operário da fé" cinicamente profissional. Antes e depois disso, encontrei muitos desses "profissionais religiosos" na Igreja, nos quais reconheci em determinados momentos um ódio e uma inveja reprimida assim que eles se deparavam com uma expressão de uma fé verdadeiramente viva e sincera, que eles apenas fingiam ter. Dentro e fora da Igreja conheci críticos amargurados de tudo e todos, que, apesar de estarem certos em muitos pontos, defendem uma *verdade sem amor e sem alegria*, sem a liberdade interior daquele mal que os encanta e fascina, de modo que sua verdade deixa de ser uma verdade.

Na época (e, graças a Deus, também depois numa série de provações semelhantes), recebi a dádiva de preservar a fidelidade à fé, à Igreja e ao meu ministério sacerdotal – mas comecei a entendê-los de outra forma. O que me salvou da perda da fé naquela época foi sobretudo isto: o encontro com a teologia e a espiritualidade dos místicos da "noite escura". No mundo da minha fé ocorreu uma grande mudança: *As certezas perdidas foram substituídas pela esperança*. Iniciou-se assim o terceiro ato da história da minha fé.

Compreendi que, para mim, *não existe caminho de volta* para a infância tardia da minha fé, que a "fé filosófica" abstrata não me basta e que também não teria sido honesto tentar reacender o entusiasmo do tempo da minha conversão em algum grupo carismático. Apenas a *esperança* serviu como chave para abrir o caminho em direção a Deus. Comecei a refletir e escrever sobre a "fé pequena" (privada de suas muitas "certezas"), sobre a "fé do segundo sopro, daquele sopro que "ficara sem ar", sobre a "fé ferida", cujas feridas, semelhante às chagas do Ressurreto, não desaparecem, mas "brilham como pedras preciosas"; sobre a fé pascal, que precisa morrer para poder ressurgir dentre os mortos – e que precisa suportar o silêncio do Sábado de Aleluia, quando as pessoas choram no "túmulo de Deus" (sem que jamais tivessem lido sobre a "morte de Deus") e apenas sentem que, em algum lugar nas profundezas do *sheol*, é travada a batalha de Cristo contra os poderes do submundo.

E fiquei maravilhado diante do número de pessoas (desde religiosas idosas até pessoas que vivenciam suas crises e tragédias pessoais longe da Igreja e da sua fé) que me confortaram, dizendo que sabiam perfeitamente o que eu sentia.

Ao misticismo da noite escura de João da Cruz, juntaram-se então a teologia cristã e judaica "após Auschwitz", o misticismo cabalístico da glória de Deus, que se retira para o exílio (Zimzum) e que tem sua correspondência cristã na teologia da *kenosis*, do "autoesvaziamento" divino na cruz de Cristo, e, por fim, a teologia filosófica pós-moderna de Richard Kearney, que ensina que não podemos dizer sobre Deus se Ele "existe" ou "não existe", mas que Ele *pode existir*: que Ele se aproxima de nós como se aproximou de Moisés no deserto, como na promessa de que "estarei contigo" se você aceitar a missão que eu lhe dou. Tudo isso, porém, são articulações teológicas e filosóficas secundárias daquela experiência que eu fiz em nível existencial.

Se conseguirmos aceitar e processar experiências amargas com a Igreja sem abandoná-la ou sem nos transformar em dissidentes amargurados e magoados dentro dela, se conseguirmos encontrar e defender o nosso lugar no meio da Igreja e de suas tradições e, ao mesmo tempo, respeitar o outro, seremos capazes de descobrir o mistério admirável do catolicismo como "unidade dos opostos".

Amo a minha Igreja, a despeito de seus lados falhos e sombrios, dos quais estou ciente e com os quais sou obrigado a fazer experiências muito mais frequentes do que aqueles que criticam a Igreja de fora; quando critico algum fenômeno dentro da Igreja, eu o faço justamente porque eu a amo e porque estou ciente da minha responsabilidade pessoal dentro dela. A esperança, que nasceu na crise, me ajuda a perseverar em lealdade crítica e a tentar entender aqueles que, *ex officio*, ou seja, em virtude de sua função, têm uma responsabilidade muito maior pela Igreja do que eu.

A pluralidade e a heterogeneidade do catolicismo (inclusive aquelas formas com as quais não consigo me identificar) se transformaram em fonte principal de minha alegria na Igreja e de minha confiança nela. Assumir a identidade católica significa receber as chaves para um palácio com mil quartos; aos poucos, o ser humano compreende que ele não pode residir em todos e nem mesmo consegue passar por todos eles. Mas ele precisa encontrar a sua morada em algum desses quartos. A minha identidade católica é semelhante à minha identidade como europeu; não posso ser português, sueco, inglês etc. ao mesmo tempo; só posso realizar a minha natureza europeia como tcheco que talvez consiga ampliar um pouco o seu horizonte conhecendo, pelo menos em parte, a língua, a cultura e a paisagem de outros países; mesmo assim, considero importante a consciência de que a terra e a cultura dos franceses, dos irlandeses, dos noruegueses também fazem parte do meu lar, mesmo que não consiga absorvê-las, conhecê-las e vivenciá-las a fundo.

Essa confiança me concede a grande liberdade de, se este for o meu chamado, avançar até o rochedo íngreme nos limites visíveis da Igreja sem precisar temer os aromas sedutores que o vento me traz de outras religiões e filosofias, *justamente porque,* graças a Deus, existem também tradicionalistas na Igreja que oferecem um outro caminho àqueles cristãos que não querem ou não podem me seguir até a ponta daquele penhasco. Sempre existirão na Igreja também cristãos temerosos, que só "comem legumes", como dizia São Paulo carinhosamente (cf. Rm 14,2) – e, apesar de não impor a si mesmo nem aos seus discípulos uma dieta vegetariana, ele advertiu contra a tentação de desprezar aqueles cristãos ou de provocá-los sem necessidade. Também Paulo já sonhava com uma Igreja em que as pessoas com dons e chamados diferentes se completam e respeitam mutuamente, em vez de enfraquecer-se com lutas desnecessárias; mas ele também reconheceu que esse estado da Igreja como noiva sem mácula é mais objeto da esperança escatológica do que da expectativa impaciente do futuro histórico próximo.

Desde que, em minha relação com a Igreja, passou a predominar a esperança *escatológica*, perdi o nervosismo daqueles reformadores que voltam sua esperança apenas para metas de curto prazo e, muitas vezes, duvidosas ("a democratização da Igreja", a ocupação desta ou daquela posição na hierarquia eclesiástica, a influência deste ou daquele movimento etc.). Começo a perceber que hoje, quando contemplo os diferentes acontecimentos dentro da Igreja, predominam não a ira ou seu oposto, a resignação, mas a ironia, o humor e a paciência. Seria este o fruto das crises sobrevividas e curadas ou simplesmente o fruto do outono da vida?

Para voltar mais uma vez para o tema das crises da vida: Muitas vezes, quando nossas reservas naturais da esperança parecem se esgotar rapidamente, quando rastejamos pelo deserto morrendo de sede e somos tentados a desistir, a fonte oculta está apenas a um passo de distância. E quanto mais profunda for a nossa crise (e ninguém pode avaliar de fora, com critérios "objetivos", a profundeza da nossa crise), mais profunda é a fonte da qual jorra a esperança, que é qualitativamente diferente daquela que havia nos dado a força e a direção de chegar até onde nos encontramos agora: no vale estreito da crise. A noite escura purifica, ensina o santo místico do Carmelo.

6
Esperança e milagre

"Halík, você sabe o que você não sabe?", grita a filha do meu funcionário Martin depois de uma missa na sacristia, antes de me iniciar em mais um de seus mistérios de menina. Essa pergunta me lança em profundas dúvidas metafísicas, pois eu realmente não sei se sei tudo aquilo que não sei: é, em todo caso, muito.

Sempre gosto de pedir ao leitor que ele não me dê uma confiança excessiva, pois existem realmente muitas coisas que eu não compreendo, também em "minha própria disciplina", na área da religião e do "diálogo com os incrédulos". Provavelmente, não entendo completamente o mundo dos carismáticos evangélicos, sobre os quais eu me manifesto quase que obsessivamente e talvez também de forma injusta (e temo que, também neste capítulo, não conseguirei evitar isso completamente). Meu próprio mundo, e o mundo que me é mais próximo, é o mundo dos convertidos que vivem predominantemente num ambiente "incrédulo"; talvez seja esta a razão pela qual nunca conheci a fundo o mundo daquelas pessoas para as quais a fé é algo natural porque cresceram nela ao longo de gerações. Mas mesmo que eu não consiga entender completamente este mundo, como devo admitir, eu me esforço mesmo assim a respeitá-lo e a não confundi-lo, como o fazem os liberais, com aquele "fundamentalismo" que representa apenas um esforço fútil do "contramodernismo" de imitar o mundo tranquilo da tradição. Nem todos que observam rigorosamente determinados princípios merecem o rótulo de fundamentalistas; um fundamentalista se distingue de uma pessoa da tradição por meio de sua inquietação e insegurança interior, por meio de sua agressividade mascarada. Quanto mais eu me dedico ao "diálogo com os incrédulos" mais ele se torna algo misterioso para mim. Antigamente, no entusiasmo juvenil do convertido, eu confundia o diálogo com um "jogo de adivinhação", e eu gostava de vencer nesse esporte bastante superficial; apenas após muito anos aprendi a ouvir melhor e desistir da ambição de "vencer", que nada mais era do que uma tolice. Reconheço, porém, que eu me canso um pouco quando, antes de me aproximar da "coisa em si", preciso primeiro desmatar uma selva de ignorância, equívocos e preconceitos, que, na nossa cultura, ocuparam a nossa fala sobre a fé e a religião. Antes de esclarecer os conceitos, essa fase do diálogo passa a impressão de que – e me permitam usar aqui uma das expressões favoritas de Karel Capek – estou dançando com uma pessoa "que sujou as suas calças".

Creio que, muitas vezes, as minhas respostas passam a impressão de uma pessoa desajeitada e refreadora. Já tive tantas conversas desse tipo que consigo reconhecer com bastante segurança aquilo que costuma se esconder por trás das perguntas do meu interlocutor. "Você *realmente* acredita em Deus?" – Sim, eu acredito, mas devo acrescentar: mas provavelmente não naquele Deus que você tem em mente. "Você *realmente* acredita que Jesus ressuscitou?" – Sim, com toda a minha alma, todo o meu coração e toda a minha razão, e mais: Essa convicção é para mim, assim como foi também para o Apóstolo Paulo, a fonte mais profunda da *minha esperança*. No entanto, o "objeto" dessa minha fé (ou melhor: dessa minha esperança) não é, provavelmente, aquilo que mais o surpreende; aquilo com o qual o Evangelho da vitória de Jesus sobre a morte, o mundo e o pecado realmente pretende abalar o ser humano se encontra em algum outro lugar e é muito mais profundo do que as pessoas costumam imaginar.

"Você realmente acredita em milagres?" – e essa pergunta contém a acusação implícita: "Você com sua formação?" – Sim, e conheço até uma maneira que nos permite percebê-los a cada passo. Eu acredito que o mundo, compreendido como criação, como um presente extraordinário, já é, em si mesmo, um grande milagre, pois sua maior riqueza e sua maior beleza se encontram *além do visível* – por trás do olhar cotidiano com o qual aprendemos a contemplá-lo. Eu sei que existem eventos que conseguem e devem nos irritar e irritar também o nosso ponto de vista superficial (p. ex., o ponto de vista "materialista", que percebe o mundo apenas como "matéria") para nos abrir e sensibilizar para a grandeza real da criação.

No entanto, como "violação sobrenatural das leis da natureza", os milagres realmente não fazem parte do mundo da minha fé, e eu consideraria um equívoco vergonhoso e um anacronismo tentar encontrar algo semelhante na Bíblia; conceitos filosófico-teológicos como o "sobrenatural" e conceitos científicos como "lei da natureza" são frutos típicos do pensamento moderno, muito distantes do mundo da Bíblia e também do estilo da minha reflexão sobre a fé, do meu modo (e do modo predominante na teologia e exegese atual) de se relacionar com a mensagem das Escrituras. As categorias do "natural" e do "sobrenatural" são instrumentos de uma teologia medieval, que a teologia posterior tornou inútil por meio de um equívoco provocado pelo Iluminismo com sua compreensão totalmente nova de natureza e naturalidade (*natura*). A Modernidade introduziu um sinal de equivalência entre "natural" e "real", sendo que, logicamente, desde então, adere a todo "sobrenatural" a suspeita de um produto da imaginação infantil ou de um claro-escuro oculto do esoterismo e do obscurantismo. Um teólogo medieval sincero (portanto profundamente racional[24]) da escola de Santo Tomás – para quem aquilo que transcende a natureza é simplesmente uma dádiva de Deus, *uma graça* (*gratia*) e nada tem em comum com

---

24. Vale manter em vista a diferença entre *ratio* e *intellectus*, inclusive a grande diferença entre a concepção medieval do intelecto e a concepção "técnica" e muitas vezes limitada da racionalidade no modernismo.

os "mistérios" dos colecionadores de curiosidades – ficaria (como eu também) horrorizado diante da facilidade com que alguns cristãos permitem que sua fé se aproxime da magia, da superstição e da feitiçaria. Quando vejo como, em algumas livrarias, a "teologia" se transformou em subcategoria do "esoterismo", sou lembrado da ira de Jesus no templo ("expulsou de lá todos quantos vendiam e compravam. Derrubou as mesas dos cambistas"); mas os responsáveis por essa confusão não são os pobres livreiros.

Semelhantemente, a categoria das "leis naturais" é um aspecto moderno da interpretação da natureza, totalmente alheia à Bíblia e à sua percepção poético-mítica da natureza. Um dos grandes privilégios do pós-modernismo é que não precisamos mais contrapor umas às outras essas visões do mundo; espero que já tenhamos deixado para trás o preconceito moderno segundo o qual a visão científica do mundo teria o direito ao monopólio da *veracidade* da interpretação do mundo. Por isso, também, é absolutamente vergonhoso quando alguém (como, p. ex., os criacionistas) tenta questionar, *em nome da fé*, a legitimidade da interpretação científica do mundo. Um criacionista e um "ateu científico" do tipo de um Richard Dawkins são fundamentalistas absolutamente simétricos, incapazes de abandonar o seu ponto de vista. Ambos são agressivos, porque temem que o reconhecimento da *veracidade* de outra perspectiva representaria um ataque à verdade em si, ou seja, à sua pretensão da verdade absoluta. Eles temem que, caso recuassem, restariam no campo de batalha apenas "a lama preta da superstição e do ocultismo" (esta é a versão dos cientistas positivistas) ou o "relativismo sem fim" (esta é a versão dos fundamentalistas religiosos). Esse medo (de perder suas próprias certezas) revela, porém, que eles têm uma ideia muito restrita de verdade e que sua confiança na verdade (também na verdade da ciência e da fé, respectivamente) é muito fraca. Quando o cientificismo e o fundamentalismo religioso entram em choque um com o outro, não vejo razão para me empenhar nessa luta, para oferecer minha posição, tão distante de um quanto do outro, em apoio do cientificismo ou do fundamentalismo: se não fosse tão malicioso, eu acrescentaria que consideraria um resultado relativamente feliz se os dois se matassem reciprocamente na arena dessa luta.

Quando afirmo que conheço um modo de perceber milagres a cada passo, estou falando de um caminho no qual a fé e a arte podem ser companheiras de viagem uma da outra. E não conheço companheiro melhor do que o velho Chesterton com sua arte de descobrir os "detalhes ponderosos".

Simone Weil, uma das minhas grandes professoras da fé (que, durante toda a sua vida, lutou com sua fé), considerava a beleza maravilhosa do mundo um caminho essencial para o encontro com Deus. Sua estética teológica se apoia numa descoberta profunda e verdadeiramente mística: A beleza revela a obediência da matéria a Deus.

"Cristo nos ofereceu a ductibilidade da matéria como exemplo quando nos aconselhou a contemplar os lírios do campo, que não trabalham nem fiam. Isto é, eles não decidiram vestir esta ou aquela cor; não ativaram sua vontade nem utilizaram qualquer recurso para este fim; eles receberam tudo que a necessidade natural lhes ofereceu. Eles nos parecem infinitamente mais lindos do que tecidos ricos, não porque são mais ricos, mas por causa de sua ductibilidade. O tecido também é dúctil, mas ele se amolda ao ser humano, não a Deus. A matéria não é linda quando obedece ao ser humano, apenas quando obedece a Deus. Às vezes, quando aparenta ser tão linda numa obra de arte quanto no mar, nas montanhas ou nas flores, isso se deve ao fato de que o artista estava preenchido com a luz de Deus. Para considerar lindas também as coisas produzidas por seres humanos que não foram iluminados por Deus, é preciso entender com toda a sua alma que essas pessoas também são apenas matéria obediente, mesmo que não estejam cientes disso. Para aquele que chegou a este ponto tudo é necessária e perfeitamente lindo. Em toda existência, em todos os produtos, ele reconhece o mecanismo da necessidade, e na necessidade ele desfruta da doçura infinita da obediência. Esta obediência das coisas é em referência a Deus aquilo que a translucidez da janela é em relação à luz. Assim que percebemos essa obediência com todo o nosso ser, nós vemos Deus"[25].

❧

Precisaríamos ser grandes teólogos dogmáticos se, de antemão, excluíssemos fenômenos (e não os víssemos intencionalmente) que se esquivam da nossa visão "natural" ou também "científica", "coisas entre o céu e a terra, das quais não temos noção alguma", diante das quais nossa razão fica tonta. Mas vejo nessas coisas extraordinárias mais um desafio para a razão do que para a fé; quando a razão e a ciência admitem que não entendem (i.e., que *ainda* não entendem) algo, eu considero isso uma expressão de sua sinceridade e honestidade e não sei por que deveria usar isso para, em nome da religião, desenvolver uma postura triunfalista diante da ciência. É provável que, mais cedo ou mais tarde, a razão científica conseguirá explicar alguns desses fenômenos, outros talvez permaneçam um enigma, no entanto, não vejo por que deveria estar degradando o mistério da minha fé pelo fato de relacioná-lo a enigmas semelhantes. Confesso que me distancio muito daquela teologia que pretende apresentar os "milagres de Jesus" como *provas* de sua deidade, tanto quanto daquela que exige "milagres" para uma canonização (muitas vezes exatamente naquele sentido vulgar de um "enigma que a ciência não consegue explicar"); tenho certeza de que conseguiria defender teologicamente as minhas ressalvas em relação a esse tipo de teologia.

Não são minhas as dificuldades que os racionalistas esclarecidos têm de acreditar que "para Deus nada é impossível". Pelo contrário: O ser humano precisa recorrer a uma boa dose de preconceitos (e estes lhe são oferecidos prontamente pelo tipo de

---

25. WEIL, S. *Das Unglück und die Gottesliebe* – Mit einer Einführung von T.S. Eliot. 2. ed. Munique, 1961, p. 126s.

educação e percepção iluminista) para que se torne cego e surdo diante da quantidade enorme de experiências religiosas feitas por pessoas piedosas ordinárias ao longo de toda a história, inclusive as inúmeras experiências de orações respondidas (muitas vezes realmente "milagrosas"). O tema realmente interessante para a teologia é, porém, a experiência da oração *não respondida*, da "surdez de Deus", com a qual Jó se viu confrontado durante tanto tempo, como muitas outras pessoas antes e depois dele. É apenas essa experiência do Deus mudo, do Deus que "não funciona", que nos confronta com a situação da fé com todos os seus dilemas. *O lugar verdadeiro da fé não é o milagre, mas a ausência do milagre*. A fé que é despertada ou provocada por um milagre não é, em minha opinião, uma fé que interessa muito. A fé se transforma em fé verdadeira apenas onde os milagres não ocorrem (mesmo que os desejemos urgentemente). "Felizes são aqueles que, não vendo, creem", diz Jesus ao se despedir do Apóstolo Tomé. O desafio verdadeiro para a fé é *o contrário de um milagre*: uma situação em que as coisas ocorrem justamente de forma contrária àquela que imaginamos ou desejamos.

Apenas quando precisamos nos decidir se tendemos a crer que "Deus não existe" ou que Deus é indiferente ao homem, ou a especulações que tentam desesperadamente justificar e inocentar Deus de qualquer culpa, que tentam defendê-lo (como fizeram os amigos de Jó) ou demonstrar que a não resposta é, na verdade uma resposta, mas uma resposta em outro sentido, nós nos encontramos na encruzilhada decisiva: Conseguiremos compreender que, por meio de todos esses passos tolos (e não importa se por meio da solução simples demais da fé ateísta ou por meio de piruetas piedosas de argumentações teológicas), nós só continuamos a nos agarrar na nossa antiga concepção de Deus, ou seja, que só rejeitamos ou defendemos a *nossa concepção* de Deus? Seremos capazes de aproveitar a chance real que aquela "crise religiosa" nos oferece, a chance de nos abrirmos para o reconhecimento de que *Deus é totalmente diferente* do que nós o imaginávamos?

A novidade radical dessa solução do dilema entre fé e descrença é o reconhecimento de que aquela *alteridade de Deus* é tão tremenda e radical que não se trata de substituirmos a nossa antiga concepção de Deus por uma nova, mas de encontrarmos a coragem de desistirmos de todas as concepções humanas de Deus (ou de as colocarmos pelo menos "entre parênteses") para então nos determos perante os mistérios em silêncio e maravilha. Este é o resultado da lição dura que Jó teve que aprender – em suas palavras: "Coloco a minha mão em minha boca".

E ao mesmo tempo, Jó diz: "Eu te conhecia só por ouvir dizer; mas agora meus próprios olhos te veem" (Jó 42,5) (algumas traduções acrescentam aqui: face a face). Assim também Jacó: Após toda a sua experiência religiosa ter sido abalada e questionada, quando Deus se opôs a ele como seu adversário na forma de um atacante noturno desconhecido, ele exclama: "Vi Deus face a face e minha vida foi poupada" (Gn 32,31).

E essa experiência lhe permite ver também na face de seu irmão Esaú, com o qual ele sempre concorria e lutava, "a face de Deus" (cf. Gn 33,10).

Não foram justamente estes homens que entenderam que a face de Deus é um mistério e que eles só conseguem ver Deus face a face quando param maravilhados diante desse mistério?

Uma fé *verdadeira* se refere à verdade; mas a verdade da fé bíblica, aquela verdade à qual essa fé se refere, está encoberta pela nuvem da verdade – e por isso, a fé só consegue penetrar essa nuvem quando ela é acompanhada e apoiada pela esperança.

Todas as sentenças da fé se tornam ingênuas e, ao mesmo tempo, arrogantes, quando esquecem que precisam ser proferidas com aquele "talvez" da esperança. Sob o ponto de vista humano, aquele "talvez" pode se apresentar como *dúvida*, no entanto, não deve ser classificado como "dúvida de Deus" (que, em termos estritos, realmente seria um pecado, o pecado de dar ouvidos à ingratidão e à acomodação), mas o conhecimento humilde sobre a diferença entre a grandeza divina e a capacidade limitada da nossa língua e da nossa compreensão. Sob outra perspectiva, aquele "talvez" é a palavra da esperança.

Certa vez, Martin Buber escreveu sobre um rabino chassídico. Um professor iluminista lhe fornecia constantemente livros que continham todos os tipos de objeções possíveis da razão à fé[26]. Então, certa noite, quando foi visitar o rabino, ele esperava já tê-lo convencido de seu ateísmo ou que o rabino argumentaria passionalmente contra ele e defenderia a sua fé. Mas quando, após bater à porta sem ser atendido, olhou pela janela, ele viu o rabino balançando a Bíblia em suas mãos e dizendo a si mesmo: "E *talvez* seja verdade o que ela diz..." E esse "talvez" aterrorizante do rabino abalou a autoconfiança desse incrédulo passional.

O ateísmo autoconfiante consegue lutar bem contra uma fé autoconfiante, pois ambos são gêmeos em sua ingenuidade. Muitas vezes, a fé autoconfiante perde nessa luta porque se esqueceu da palavra de Paulo segundo a qual vemos apenas parcialmente as coisas divinas neste mundo. Nós as vemos como que num espelho, vemos apenas contornos misteriosos. Uma fé, porém, que não tem a segurança orgulhosa como seu escudo, mas o *talvez* humilde, é, mesmo que pareça fraca, inabalavelmente forte. Esse "talvez" pode parecer o estilingue risível nas mãos de Davi diante da terrível espada e armadura do ateísmo em tamanho de um Golias; mas ela vence da mesma forma surpreendente. "Porque o que se julga loucura de Deus é mais sábio do que os homens; e o que se julga fraqueza de Deus é mais forte do que os homens" (1Cor 1,25).

A fé humilde, *fortalecida apenas pela esperança*, coloca no ninho das alegações ateístas os ovos da dúvida: as palavras "talvez" e "*ainda* não". "Deus *ainda* não existe", Ele ainda não existe aqui com

---

26. BUBER, M. *Die Erzählungen der Chassidim.* Zurique, 1992, p. 363s.

aquela evidência que *obrigaria* todos a crer. Uma fé que se vê obrigada a crer por causa de evidências, argumentos irrefutáveis ou "milagres inquestionáveis" não é uma fé, assim como uma esperança que já vemos cumprida não é uma esperança (cf. Rm 8,24). Deus ainda se oculta na ambivalência do mundo, por trás do biombo da palavra ambígua *talvez*, que pode significar dúvida (na fé ou no ateísmo) ou esperança. A fé ainda não pode se acomodar no divã das certezas e ficar gorda, ela ainda não pode se livrar dos riscos, ela precisa permanecer o ato corajoso "de se lançar no paradoxo" de suportar o peso das incertezas e demonstrar perseverança ao esperar à porta do mistério: uma espera que abarca tanto a tortura de um anseio não realizado quanto a paz calorosa da confiança infinita.

Recentemente, grupos de ateus militantes colaram cartazes em ônibus e paredes de algumas cidades europeias que diziam: "Muito provavelmente, Deus não existe" (acrescentando dicas para uma vida orientada pelo consumo: "Aproveite sua vida"). E também o apóstolo mais famoso do novo ateísmo Richard Dawkins se refugia, quando precisa esconder a arrogância ingênua de suas convicções autoconfiantes e deseja preservar a aparência da seriedade científica, na formulação: *Muito provavelmente*, Deus não existe.

Mas será que por trás dessa expressão *muito provavelmente* realmente se esconde aquela humildade diante do mistério, aquele raio de esperança como no "'talvez' aterrorizante" do rabino? Eu duvido disso. *Muito provavelmente, Deus existe* – no mínimo, é razoável contar com a probabilidade de sua existência (lembremo-nos da famosa aposta de Pascal). Deus existe necessariamente se usarmos a nossa razão como o faz a metafísica clássica desde Aristóteles e Tomás até hoje. Resta apenas a pergunta aberta em que medida esse "primeiro movedor" das provas metafísicas de Deus possa ser identificado com o Senhor da Bíblia. Aquele Deus, porém, como Dawkins o imagina e derruba de seu pedestal, não só não existe muito provavelmente, como *certamente* não existe – isso a fé cristã pode afirmar com toda certeza. Pois ela pode se apoiar em milênios de experiência com a destruição de ídolos semelhantemente falsos.

Dawkins e os seguidores do cientificismo de um Iluminismo tardio contestam um Deus que havia sido imaginado por seus precursores, os deístas e teístas do Iluminismo do século XVII. Para eles, Deus era uma *hipótese* útil na procura pela causa mecânica do universo. Pouco depois, essa hipótese felizmente não foi mais usada por uma série de cientistas (como se evidencia na resposta famosa do físico e matemático francês Pierre-Simon Laplace a Napoleão[27]), e nem a física nem a teologia atuais precisam dela. Apenas Dawkins suspeita, por razões desconhecidas (talvez por ter em vista o obscurantismo dos criacionistas e de alguns proclamadores do *intelligent design*), que essa hipótese ainda esteja viva, e, por isso, ele luta com tanta veemência contra ela, imaginando que, com ela, ele estaria refutando também o Deus dos cristãos e da religião em si. Quando leio os livros de Dawkins, tenho a impressão de que sua crítica não diz respeito nem à minha fé nem ao Deus da minha fé e que o Deus contra o qual ele luta me é "improvável", superficial e construído como o modelo de uma natureza sem mistério construído pelo cientificismo[28].

Tomás de Aquino solucionou aquela dialética de certeza e incerteza na fé com a afirmação de que, mesmo que a razão, ao refletir sobre a realidade do mundo finito, possa chegar à convicção lógica de que Deus (ou aquela primeiro causa infinita, sobre a qual Tomás diz com toda cautela: "e ela é aquilo que chamamos Deus") *existe*, nós não podemos saber *quem* ela é na realidade (pois a vida interna de Deus é o mistério absoluto, que só pode ser revelado, mas que jamais pode ser desvelado pela razão) e o que significa "*ser*" no caso de Deus.

---

27. À pergunta de Napoleão onde se encontrava o conceito de Deus em seu sistema, o cientista respondeu: "Não precisei dessa hipótese".

28. Uma exceção é o livro *O gene egoísta*, de 1976, onde ele desenvolve uma descrição interessante da "natureza caída" a partir de um ponto de vista não teológico, que mereceria uma reflexão teológica.

Dessa vez, os altos representantes das Igrejas europeias reagiram à agitação dos ateus de forma supreendentemente inteligente e até mesmo sábia: ou seja, de forma positiva. Sua rica experiência pastoral lhes ensinou que o adversário mais comum e, ao mesmo tempo, mais perigoso da fé não é um ateísmo militante e excitado, mas o ateísmo do consumo em massa, o ateísmo irrefletido, "natural", aquela irreligiosidade saciada, preguiçosa e sonolenta da indiferença religiosa. (Encontramos essa irreligiosidade morna tanto entre aqueles que se consideram incrédulos quanto no meio dos "cristãos com certificado de batismo"; mas ela é típica daqueles que nem mais se dão ao trabalho de procurar uma resposta à pergunta sobre a religião e sua religiosidade ou irreligiosidade.) Será que esses cartazes com o nome de Deus (mesmo tendo a intenção de refutar a fé) não conseguiriam provocar o contrário, ressuscitando a pergunta esquecida por Deus? O proclamador da morte de Deus em Nietzsche, que foi à feira daqueles que *não acreditavam em Deus*, não provocou na Europa – mesmo que com certo atraso e apenas entre os intelectuais dos fiéis e incrédulos – de modo bem semelhante um novo interesse pelo tema de Deus e um novo estilo profundo da reflexão sobre Deus na teologia e na filosofia das últimas décadas?

O lugar da pergunta pela existência ou não existência de Deus (e a pergunta antecedente pelo significado das palavras *Deus* e *existência*) não é, porém, a rua, a boca ou o cartaz dos agitadores defensores ou adversários da fé, mas as salas das universidades, pois são perguntas mais filosóficas do que religiosas. Mas a verdadeira *pergunta da fé*, pela maneira como Deus fala, como Ele se cala, como devemos crer quando as "certezas religiosas" falham e "certezas ateístas" não conseguem substituí-las adequadamente, não é uma pergunta abstrata e teórica, mas realmente uma pergunta existencial e espiritual.

Tenho medo de uma fé que já não oferece mais espaço para a humilde palavrinha "talvez". Tenho medo de uma certeza religiosa que não oferece espaço para *milagres verdadeiros*: para Deus, que pode derrubar de maneira surpreendente todas as nossas certezas, inclusive nossas certezas religiosas. Tenho medo de uma fé que deseja vivenciar milagres espetaculares e ignora o milagre da vida do dia a dia.

Por que me posiciono de modo tão radical contra reuniões religiosas em estádios, que são anunciadas em cartazes com os nomes de missionários, curandeiros e exorcistas famosos? Eu estive presente em alguns desses eventos e observei com atenção os olhares das pessoas. Admito que suporto mais facilmente o olhar arteiro do cético do que o olhar ardente de um fanático manipulado. Infelizmente, porém, não consigo apagar da minha memória o olhar de uma criança na cadeira de rodas e o olhar de seus pais que haviam sido atraídos pelos cartazes dos "milagreiros"; esse olhar, que se parecia mais com o olhar de um cão do que de um ser humano, os olhos lacrimejantes cheios de esperança, que imploravam pelo milagre prometido. Não sei se o pregador cuja voz retumbante saía pelos alto-falantes era um charlatão cínico ou se ele realmente conseguira se convencer de que era a poderosa mão direita do Espírito Santo. Eu só pude repetir para mim mesmo: Não, ninguém tem o direito de fazer isso, não tem o direito, não tem o direito de fazer isso com a esperança humana. Ninguém tem o direito de fazer isso nem com o Evangelho nem com a dor humana. O que senão essa manipulação do ser humano em nome do espírito de Jesus seria "o pecado contra o Espírito Santo"?

Espero que essas pessoas obrigadas a carregar um fardo tão grande não voltaram para casa com o sentimento de culpa de não terem sido fortes o bastante em sua fé, tornando-as indignas de um milagre (como já ouvi em ambientes semelhantes). Não tenho dúvidas: O Espírito sopra onde quer – e talvez elas puderam receber também aquele presente pelo qual rezam os "carismáticos moderados", o presente de suportar pacientemente a sua cruz, que a capa-

88

cidade humana não consegue carregar. Mesmo assim, não consegui impedir que passassem pela minha mente as palavras da narrativa de Elias no Monte Horeb: "Mas o Senhor não estava na tempestade".

Não são os folhetos dos ateus que tornam minha fé tão difícil de vez em quando, mas o modo de agir de alguns cristãos – mas Deus sabe que eu não sou o único a sofrer com isso. Então eu me digo algo semelhante àquilo que Lutero respondeu ao tentador: Não foi por sua causa que comecei a crer, não será por sua causa que desistirei da minha fé. E quando homens fortemente armados com sua religiosidade autoconfiante atravessam os campos da minha fé, que com seu jeito de apresentar a fé certamente a pisoteariam até a morte, eu a ressuscito: às vezes, com as palavras de esperança do velho rabino: *Talvez* seja verdade...

7
O pão dos pobres

Como pobreza e esperança estão relacionadas uma à outra? Uma primeira associação afirma: O pobre espera alcançar riqueza. Essa, porém, não nos levaria a descobertas muito profundas. Uma segunda associação diz: "A pobreza voluntária é uma expressão de esperança", e esta nos leva para o mundo monástico. São João da Cruz vinculou as três virtudes divinas às três qualidades da alma, uma antiga tradição monástica as ligava aos três votos da ordem: a fé à obediência, o amor à castidade, e a esperança à pobreza.

"Aquele que deposita sua esperança em Deus tem nele a sua riqueza e pode viver em independência da riqueza do mundo, ele pode desprezar a riqueza e escolher a pobreza." No entanto, é preciso cuidado para que esses lindos princípios, que saem com tanta facilidade da nossa boca, não se transformem em chavões vazios. Se agora falarmos sobre a pobreza voluntária, não podemos nos esquecer nem por um momento da parte imensa do mundo atual que vive em pobreza e miséria *involuntária*.

Sempre sinto certa vergonha ao falar e escrever sobre a pobreza em vista da miséria que eu nunca experimentei pessoalmente. Nunca vivenciei miséria real, apenas a vi de perto em muitos lugares deste planeta. Jamais me esquecerei do dia em que, durante as minhas viagens pela Índia, um padre indiano pediu que eu celebrasse a missa na Quarta-feira de Cinzas numa escola de um bairro pobre de Jaipur.

As palavras que eu tinha preparado sobre o significado do jejum ficaram entaladas na minha garganta quando vi os olhos das crianças que, em toda a sua vida, nunca tinham conseguido encher suas barriguinhas. Certamente sou relativamente pobre em relação àqueles que aproveitaram os anos de caos jurídico e moral após a queda da Cortina de Ferro na República Tcheca para se comportarem como animais selvagens numa selva excitados pelo cheiro de sua presa. Mas possuo mais do que realmente preciso para viver – nem mesmo aqui, na eremitagem, onde aproveito a simplicidade da vida e a liberdade dos meios de comunicação, me falta qualquer coisa. Fiz algo parecido com uma experiência da dependência humana da natureza numa pequena cabana na Ilha de Nelson, na Antártida; foi uma daquelas experiências preciosas que arranca a coroa ilusória do ser humano como "senhor sobre a natureza": Lá, o ser humano percebe aquela pobreza, nudez e vulnerabilidade do ser humano diante do poder cruel, irrestrito e indomado da natureza. Mas também aqui o leitor poderá objetar que se tratava de um jogo inofensivo e temporário com a esperança real de que, dentro de poucas semanas, eu me lembraria dessa experiência com certa nostalgia enquanto tomasse um banho quente ou estivesse sentado numa poltrona confortável junto à lareira, com um cachimbo na boca e um copo de uísque na mão. Sempre que reflito sobre a pobreza, preciso me conscientizar humildemente dos limites que me são impostos pelo fato de eu ter minhas raízes naquela parte da humanidade em que um número muito maior de pessoas morre em decorrência de obesidade do que de fome.

Quando nos ocupamos com reflexões religiosas sobre a pobreza, precisamos estar atentos a certa postura quando interpretamos determinados textos bíblicos – à promessa de que Deus recompensará os pobres por seu sofrimento na terra quando chegarem ao céu. Esse modo de pregar aos pobres, dos quais não existiram poucos ao longo da história, pode realmente derrubar os "sedentos e famintos de justiça". Em vez de estendermos a mão ou apoiarmos os pobres em seu esforço de alcançar uma vida digna, legitimamos assim a pobreza de maneira insidiosa, atribuímos-lhe uma dignidade sacral e justificamos a situação existente. Isso realmente seria "ópio do povo".

Os profetas bíblicos e os apóstolos de Cristo sempre ressaltaram que uma piedade autêntica se preocupa com os órfãos e ajuda as viúvas a conquistarem seu direito e não fecha seus ouvidos aos gritos dos pobres, cujos lamentos chegam a Deus. Jesus não nos encoraja a recorrer ao milagre de uma revolução para transformar pedras em pão ou para criar um céu na terra; Jesus observa que "sempre teremos pobres em nosso meio". Mesmo assim, não devemos usar o "céu", a esperança escatológica do cristianismo, como um recipiente para dívidas que não pretendemos pagar.

A tradição do pensamento social cristão distingue, desde sempre, a miséria (um ser humano não possui o mínimo para sobreviver), a pobreza (o ser humano possui apenas o necessário para sobreviver) e a riqueza (o ser humano possui mais do que precisa para sobreviver). A miséria é vista como um mal que deve ser superado ou, no mínimo, aliviado com todos os meios razoáveis e justos (ou seja, não com meios que instigam o ódio e a violência ou que limitam a liberdade da sociedade, inclusive a liberdade econômica). A riqueza em si não é vista como má, mas como estado de risco (semelhante ao poder); uma pessoa rica precisa permanecer atenta para que seu coração não se endureça, que ele não se entregue à ganância e ao orgulho, que ele esteja ciente de que a riqueza significa também um "legado moral", ou seja, a responsabilidade de ajudar ao necessitado e ao "bem comum".

Tradicionalmente, a pobreza é vista como estado ideal para aquelas pessoas que desejam se dedicar à "vida espiritual": elas não devem ter que lidar nem com um excesso de preocupações nem com a luta pela mera sobrevivência, nem com a responsabilidade pela administração de bens. Nesse ponto, o cristianismo concorda com a ética do estoicismo e com a sabedoria de muitas escolas da vida espiritual, independentemente de suas culturas e confissões.

Na proclamação de Jesus – sobretudo em seu sermão mais famoso, no "Sermão da Montanha", na primeira bem-aventurança, que representa a abertura ou o *leitmotiv* dessa coleção de afirmações centrais de Jesus – a pobreza ocupa um lugar especialmente importante. Enquanto a versão de Lucas fala apenas dos "pobres", na versão de Mateus, os felizes são aqueles que "têm espírito de pobre". Assim como a riqueza em si não é má, a pobreza em si não é um bem moral; a fala sobre a pobreza não se refere aqui à situação da conta bancária, mas ao estado do coração, ao estado do espírito.

Assim, a pobreza social se transforma em metáfora, semelhante à "fome e sede" na bem-aventurança daqueles que têm sede de justiça ou o luto daqueles que não foram adormecidos pela indiferença saciada do mundo. Mas não nos apressemos buscando refúgio numa "espiritualização" da pobreza, mesmo que essa concepção de pobreza na literatura mística nos ofereça conhecimentos profundos. Para o cristianismo, a pobreza não é apenas uma metáfora. O cristianismo interpreta o mundo e os fenômenos nele de forma não só metafórica, mas também *sacramental*, ressaltando que os sacramentos são "símbolos reais": eles efetuam aquilo que significam; são "sinais visíveis da graça invisível". Em que sentido a pobreza é um sinal sagrado, em que sentido Deus está presente nela?

A visão segundo a qual o dinheiro no capitalismo, que funciona como uma religião, exerceria uma função quase sacramental, que ele seria "o sinal visível de uma graça invisível" e permitiria uma "participação mística" nos valores sociais, já foi citada acima. (Como teólogo, eu acrescento naturalmente que isso é, no máximo, apenas uma analogia ou a caricatura de um sacramento; *graça* significa aqui algo diferente daquilo que a linguagem da teologia designa com esse termo.)

Mas e a pobreza? A pobreza *no sentido espiritual da palavra*, sobretudo a pobreza voluntária com motivação religiosa das "pessoas consagradas", pode ser compreendida como "sinal real" da *graça*, ou seja, da própria vida divina, que preenche o espaço que o ser humano abriu por meio de sua desistência dos bens terrenos. O próprio Deus preenche a liberdade que o ser humano conquistou ao superar a "dependência da propriedade"; Deus dá conteúdo e sentido a essa liberdade, a esse vazio. Semelhante à desistência de uma vida em família, a desistência de propriedade deve servir como um sinal de que "Deus basta". (Os dois votos monásticos, a castidade e a obediência, estão intimamente vinculados; pois a preocupação com a segurança material é moralmente justificada, é até mesmo uma obrigação moral, principalmente como expressão da responsabilidade pela família. E quando, de vez em quando, vemos na Igreja como o celibato perdeu seu vínculo com a pobreza, ele perde seu sentido, ele se transforma numa vida de solteiro agradável e despreocupada.)

A existência do religioso, quando interpretada de forma sincera e radical, é, de certo modo, um "esporte radical": O ser humano salta da margem das seguranças, representada pela família e pelos bens, na profundeza misteriosa dos braços de Deus. Uma rede de segurança pode ser a comunidade de uma ordem. Mas não necessariamente, e em alguns casos é uma rede bastante fina ou rasgada. Mas nem mesmo a comunhão numa ordem não basta para substituir plenamente a família. Desistir dessas grandes seguranças na vida e optar pela vida monástica é sempre um ato de confiança e esperança. O ser humano espera que ele compreenda e aceite o modo como o próprio vazio é preenchido por Deus. O importante é (infelizmente algo que, muitas vezes, não se explica ao candidato à vida monástica): No início de seu caminho (e muitas vezes nem após muito tempo) a pessoa não conhece e não pode conhecer o modo como Deus o fará *no caso individual*. Pois a forma como Deus age na vida dos seres humanos e como Ele entra em sua vida é imprevisível e insuportavelmente inovadora – o que é lindo e assustador ao mesmo tempo. Sim, Deus realmente é um *mysterium tremendum et fascinans*, um mistério fascinante, mas também *assustador*.

São Bento ressalta no início de sua regra, no clássico do monasticismo ocidental, que o sentido e o propósito da vida monástica é a *busca* de Deus. Isso não é uma tarefa fácil. "Deus é aquilo além do qual nada maior pode ser imaginado", afirmava Santo Anselmo. Eu acrescentaria: Deus é aquilo que se oculta numa profundeza maior do que conseguimos imaginar...

༺~༻

Abandonemos, porém, o silêncio dos mosteiros e sua pobreza casta e voltemos para a pobreza nas ruas e nas favelas de nossas cidades. "Se você quiser ser invisível, fique pobre", diz um cântico folclórico da Espanha. O Evangelho já serve aos pobres por meio do simples fato de falar deles, tornando-os visíveis. O leitor dos evangelhos sabe que é no pobre que ele encontra Cristo (cf. Mt 25,31-46). Não ignoremos, porém, um paradoxo importante: Esse texto do Evangelho de São Mateus diz claramente que encontramos Cristo no pobre quando ajudamos ao pobre não "por causa de Cristo", mas para o bem do próprio pobre. Por isso, os justos se *surpreenderão* quando descobrirem no Juízo Final que Jesus esteve no pobre ao qual eles serviram. Ousemos uma comparação corajosa[29]. Segundo o ensinamento da Igreja, o pão da Eucaristia re-presenta (torna presente) Cristo, "é" Cristo, sem que deixe de ser pão (o caráter sacramental da Eucaristia só perdura enquanto a Eucaristia não perder sua forma visível de um alimento), e o homem Jesus re-presenta Deus e "é" Deus, mas sem que deixe de ser por um instante sequer inteira e verdadeiramente humano. De forma *semelhante*, Cristo "está" no pobre, mas sem que o pobre deixe de ser para nós sobretudo o nosso próximo humano: Se a nossa piedade nos levasse a desistir de sermos *humanamente solidários* com os pobres e os transformássemos apenas em "objeto" da nossa caridade como "ato meritório" e sua humanidade fosse apenas um vidro transparente pelo qual olhamos para Cristo e *não mais para essa pessoa concreta*, isso seria, em sua

---

29. Ressaltando que se trata de uma metáfora e não de uma afirmação dogmática no sentido restrito e que *análogo* significa "semelhante", e não "igual".

essência, idêntico com a "heresia do *docetismo*"[30]. Jesus protege seu anonimato (o anonimato de sua presença nos pobres e necessitados) não porque se diverte com esse esconde-esconde, mas para dar espaço para o *humanismo ativo e a solidariedade humana* dos cristãos e de todos os outros. E lembro aqui que a cena do Evangelho de São Mateus não afirma que aqueles justos e justificados no Juízo Final são cristãos.

A humanidade do pobre e sua necessidade, aquilo ao qual muitos dão as costas, fecham os olhos e tampam o nariz, não pode ser para nós algo que não percebemos e ignoramos – e também não algo pelo qual olhamos para outra coisa; a humanidade do pobre não pode ser algo invisível ou "transparente" para nós. O pobre está diante dos nossos olhos em toda a urgência de sua existência concreta. (Quando Pascal, suspeito de propagar heresias, foi proibido de receber o sacramento do corpo de Cristo, ele levou um pobre enfermo para a sua casa e cuidou dele – e este pobre era para ele a "Eucaristia", o corpo místico de Cristo.)

Quando aprendemos a dar uma moeda aos mendigos e pão ou trabalho aos pobres ou, melhor ainda, a estender uma mão *de uma maneira que não os humilha*, nós abrimos o futuro para eles e lhes devolvemos a dignidade; apenas assim podemos ser um raio de esperança na escuridão da desesperança da miséria; um raio daquela esperança que, na armadilha escura da necessidade, vale tanto quanto um pouco de pão. Cada ser humano precisa da esperança para viver. Mas o ser humano em grandes necessidades precisa dela tanto quanto uma pessoa que está sufocando precisa do sopro do ar. Por isso, não demos uma serpente no lugar de um peixe (cf. Lc 11,11).

---

30. *O docetismo* é uma das heresias do cristianismo primitivo condenada pela Igreja. Essa heresia não acreditava que a humanidade de Cristo era real. Segundo essa teoria, sua humanidade era apenas um "disfarce" de sua divindade, ou seja, mera aparência.

8
Andando sobre a água

No capítulo anterior falamos também sobre a pobreza como voto monástico; quero falar mais um pouco sobre o fenômeno do voto como uma promessa. A esperança, o tema principal deste livro, não seria a "biosfera" de toda promessa sincera? Eu estive presente em muitas ocasiões em que votos sacerdotais ou monásticos eram feitos ou renovados (muitas vezes, no contexto dramático da "ilegalidade" em tempos da "Igreja subterrânea" na Tchecoslováquia); muitas vezes, em minha função de padre, testemunho a promessa que noivo e noiva fazem um ao outro "na presença de Deus, da Igreja e da comunidade cristã", e nos últimos anos tenho ouvido o juramento dos novos mestres e doutores da filosofia na universidade em minha função como conselheiro de doutorandos. Ou seja, já testemunhei de perto inúmeras promessas, mesmo assim, esse ato especial jamais se transformou em algo ordinário para mim. A capacidade de fazer uma promessa é uma característica significativa que distingue o ser humano dos outros seres vivos. É uma manifestação da dádiva da liberdade e da possibilidade de dispor livremente dessa dádiva.

É uma expressão da nossa existência especificamente humana no tempo: Dispomos não só do presente, mas podemos nos referir também ao futuro na base do nosso conhecimento ou desconhecimento. O mínimo que sabemos sobre o futuro é que dependemos dele de forma elementar e que não podemos nos "apoderar" dele, nem mesmo com a ajuda do nosso maior poder e orgulho: com o nosso conhecimento. Não sabemos como será o futuro. Sabemos nem mesmo até quando nosso futuro durará para cada um de nós; mesmo assim, somos capazes de lançar naquele mar do futuro a âncora da nossa promessa.

Visto sobriamente, trata-se de um ato muito arriscado e corajoso quando nos *ancoramos no desconhecido*. A coragem necessária para executar esse ato é chamada esperança. Quando, porém, esse ato ocorre de maneira irrefletida ou apressada, não estamos lidando com coragem, mas com insensatez; quando ele é realizado de forma leviana ou superficial, sem a seriedade que a promessa exige, ele nada mais é do que uma expressão de irresponsabilidade e de um caráter mau, de imaturidade ou cinismo.

Uma promessa revela mais sobre um ser humano do que ele costuma acreditar, é sempre um teste de sua qualidade humana. Fazer uma promessa significa "marcar um encontro consigo mesmo daqui a anos", escreveu Chesterton. Raramente, um encontro desse tipo, contanto que seja levado a sério, transcorre sem surpresas. No caso de uma pessoa que não passou pelo teste de fidelidade, pelo teste de caráter representado por essa promessa, esse encontro pode ser muito frustrante. Mas esse encontro consigo mesmo pode ser também uma oportunidade de verificar a solidez e autenticidade da nossa esperança. Aquela âncora que foi lançada no mar imerso na neblina do futuro era realmente a esperança, ou era apenas uma ilusão, um desejo demasiadamente humano, uma ingenuidade imatura, um otimismo superficial, uma pressa irrefletida, "uma confiança arrogante"?

É justamente no caso de uma promessa que se evidencia se a esperança possui o caráter de um *relacionamento*. No caso de promessas em contexto religioso, Deus está sempre envolvido, pois a fórmula da promessa abarca a confissão da esperança e da confiança na fidelidade e ajuda de Deus: "Que Deus me ajude". Ou: "Você quer...?" – "Eu quero, com a ajuda de Deus!"[31]

---

31. No caso dos votos de algumas ordens, o novo membro diz à comunidade reunida: "Eu quero, com a ajuda de Deus e a vossa ajuda!" Dessa forma, a comunidade reunida assume, de certa forma, a responsabilidade por aquilo que ele prometeu.

O apelo a Deus e à sua ajuda não é uma garantia esperta ou mágica; pois nem mesmo Ele nos livra da responsabilidade pelo passo que fazemos com a nossa promessa. É, porém, uma confissão humilde de que estamos fazendo algo que realmente excede as nossas forças; pois o futuro transcende radicalmente o nosso "campo de força", nossa esfera de influência. Por isso, como já foi dito repetidas vezes, Deus e o futuro estão indissoluvelmente unidos um ao outro; o futuro não é apenas uma metáfora para Deus e a imagem de sua incompreensibilidade, mas *Deus é nosso futuro*; Ele é, ao contrário de nós mesmos, seu Senhor; nós, porém, "temos" o nosso futuro apenas na esperança, na modalidade da esperança. Nós o temos e não o temos, exatamente como temos Deus e não o temos. *Deus é nossa esperança*, não nossa "posse".

Quando invadimos o âmbito do futuro por meio de uma promessa, entramos num território que não nos pertence, mas que é território de Deus; mas justamente por isso, ele não nos é "estranho", apesar de não pertencer a nós. Isso legitima a nossa esperança, isso eleva a coragem das nossas promessas acima da neblina das ilusões e tolices: a confiança em Deus, a fé em seu amor e sua fidelidade; a confiança de que, no futuro, não seremos estranhos perdidos e desorientados nessa casa de Deus, de que não precisamos temer o futuro. Mesmo assim, vale ultrapassar o limiar da casa paterna com respeito e temor.

Quando uma promessa, sobretudo uma promessa vitalícia, não é um ato da fé em Deus, ela é pura loucura. Fazer "votos eternos" (como o voto monástico, de ordenação ou conjugal) não significa "marcar um encontro consigo mesmo daqui a alguns anos", mas agendar um encontro pessoal com o Senhor no Juízo Final; isso é um passo relativamente corajoso. Seria absolutamente ousado e inapropriado se o ser humano não se apoiasse em Deus; seria arrogante e atrevido, se ele se apoiasse nele sem recorrer a todas as suas forças e habilidades pessoais, que lhe foram dadas, para cumprir sua promessa.

Voltamos então para o cerne da questão: A esperança é uma realidade divino-humana, um lugar do encontro entre Deus e o ser humano, um presente de Deus e a manifestação da abertura humana, da liberdade humana, da coragem de confiar.

A promessa é, então, expressão da esperança de que a fidelidade divina e a fidelidade humana alcançarão a meta juntas, seja no tempo ou na eternidade. Nela revela-se a grandeza e a vulnerabilidade da liberdade humana: O ser humano manifesta, no ato de sua promessa, sua liberdade e expressa ao mesmo tempo – ao remeter à esperança e à ajuda de Deus – sua humildade e sabedoria que o levam até o conhecimento dos seus limites.

Quando testemunho uma promessa significativa sempre me lembro da cena em que Jesus anda sobre a água (cf. Mt 14,24-32). No barco, os apóstolos veem algo que desperta neles medo e também esperança; o medo diante do desconhecido é, ao mesmo tempo, sempre o medo do fenômeno em si (a razão se perde diante daquilo que excede sua compreensão) e o medo de passar vergonha caso o homem demonstre seu medo ou sua esperança se revele como falsa. É o Senhor ou é um fantasma? (Quantas vezes ao longo dos milênios essa pergunta surgiu na alma dos fiéis nas mais diversas ocasiões?)

Pedro resolve o dilema mostrando coragem para o experimento: Senhor, se és Tu, manda-me andar sobre as águas até junto de ti. Jesus aceita o desafio: Vem! E Pedro faz aquilo que é a experiência maravilhosa de todo ato de fé real: *Ele avança no âmbito do impossível*[32].

Isso, porém, só é possível enquanto seus olhos estiverem voltados para Cristo. Quando seu medo vence sobre a coragem de sua confiança, quando ele perde Cristo de vista e começa a olhar para si mesmo e para baixo, ele passa imediatamente a se afogar no turbilhão do medo. Então ele clama mais uma vez a Jesus e é salvo novamente.

---

32. O motivo do "impossível" e do "inimaginável" na filosofia pós-moderna, sobretudo em Derrida, Foucault e Lyotard, inspirou profundamente a teologia anglo-saxônica atual; tratei dele também em meu livro *Pensamentos noturnos de um confessor*.

Essa cena narra simbolicamente toda a história da fé de Pedro: Sempre que ele cria coragem, ele cai, mas depois da queda ele é novamente liberto. "Tu és Cristo, o Filho do Deus vivo!" Essa confissão faz de Pedro a rocha da Igreja. Mas logo em seguida, ele demonstra uma fé tão pequena ao ponto de merecer as palavras mais duras que Jesus já disse a alguém: "Afasta-te de mim, satanás!" Na Última Ceia, Pedro se gaba: "Ainda que todos fiquem desapontados contigo, eu jamais me decepcionarei". "Ainda que eu tenha de morrer contigo, não te negarei". E antes que o galo cantasse, ele o nega três vezes covardemente diante de uma simples serva do sumo sacerdote. Mas então ele lava sua culpa chorando amargamente e substitui a negação tripla pela confissão tripla de seu amor: "Senhor, tudo sabes, sabes que eu te amo".

O caminho da fé, do amor e da esperança é um andar sobre a água. A famosa sentença atribuída a Tertuliano: "*Credo, quia absurdum* – Creio porque é absurdo!" – não deve ser lida como afirmação absurda de um fanático que trai o dom da razão. Por meio da fé, mas também por meio do amor e da esperança, sempre entramos num espaço que, "de fora", ou seja, para aquele que não consegue se decidir pela fé, pelo amor e pela esperança, sempre parecerá absurdo, como reino do impossível e da ausência da razão. Para muitos daqueles que preferem ficar no barco, Jesus sempre parecerá um fantasma; e o Evangelho, uma enorme criação da imaginação.

Hans Jonas afirmava que um dos maiores paradoxos da fé consiste no fato de que *só podemos ouvir a Palavra de Deus quando começamos a responder a ela*.

Normalmente não precisamos tomar a decisão de abandonar as margens das nossas seguranças e pisar no mar da fé, do amor e da esperança. Pois muitas vezes constatamos que já nos encontramos nele; isso é muito semelhante ao fato de que o ser humano não precisa decidir se ele se apaixona ou não, mas, algum dia, constata surpreso que está apaixonado. O ser humano constata que crê; agora, é essencial que essa constatação surpreendente não o preencha com um medo tão grande para que não passe pela experiência de Pedro no mar. Mas mesmo se ele começar a se afogar em seu medo, ele pode pedir socorro; muitas vezes, esta é sua primeira oração consciente. E então, quando, pelo fato de sentir tanto medo, deixa de produzir barulho dentro e ao redor de si, ele pode ouvir as palavras salvadoras: "Homem de pouca fé, por que duvidaste?"

9
A luta à beira da esperança

Um dos frutos mais preciosos da esperança é o perdão. No ato do perdão, o futuro celebra a vitória sobre o passado. No perdão, a esperança liberta o passado de seu peso e abre a porta para o futuro. Voltemos mais uma vez para a sabedoria que se esconde nas línguas. A língua estabeleceu um vínculo entre os termos "dívida/culpa" (no sentido moral) e endividamento criando para eles uma mesma palavra (*debitum* e semelhantes). Em certo sentido, o ser humano está "endividado" pelo simples fato de viver. Pois nós não nos demos a nós mesmos, nossa vida (o próprio fato de termos nascido e estarmos vivos) não é produto nosso, não é desempenho nosso, não é mérito nosso.

Mas essa "dívida" se transforma em *culpa* apenas no momento em que o presente da vida se "emancipa" de seu doador e se opõe a ele. Talvez seja este o sentido principal da doutrina do "pecado original", daquela reflexão profunda sobre a descrição mítica do drama no paraíso no início do Livro do Gênesis. Essa doutrina interpreta aquele "evento" misteriosos no limiar entre atemporalidade e tempo, entre mito e história, que revela o fardo e a ambivalência da liberdade, que acompanha o presente da vida como dote e, ao mesmo tempo, como tarefa exigente. Pois faz parte da essência da liberdade a possibilidade de seu abuso trágico. Cada pecado humano individual é então a "ratificação" desse pecado original: A história do mal é, sobretudo, a história de incessantes invenções na arte de *abusar do presente da liberdade.* A história do pecado é a história do fracasso na tarefa mais importante da vida, que consiste em usar o presente da liberdade para fazer o bem. Cada pecado aumenta assim o "endividamento" da vida.

O ser humano se reencontra necessariamente no mundo e em sua história (ele está "lançado" nele, diria Heidegger) e sempre leva o passado consigo – não só seu passado pessoal. A história que arrastamos conosco é marcada pelo peso das dívidas, e quando acumulamos cada vez mais dívidas, pecados e omissões ao longo da nossa vida, o passado pode se tornar um fardo tão pesado a ponto de paralisar o nosso caminho no presente e de lançar uma sombra escura sobre o futuro.

Mas como já mostramos, a vida se decide em nossa abertura para o futuro (por isso o "futuro" é uma metáfora tão apropriada para Deus); um ser humano sem futuro está morto. Uma dívida que prende o ser humano ao passado, "amortece" a pessoa: É por isso que existem tantas passagens na Bíblia que comparam o pecado à morte. A esperança é como a fenda pela qual o futuro lança no presente o raio de sua luz. Ao mesmo tempo, a esperança nos permite ver o nosso passado "em outra luz". Por isso, ela é tão necessária sobretudo nos momentos obscuros da vida, principalmente quando uma dívida do passado lança sua sombra sobre o presente. A esperança é a fenda que, nos momentos sufocantes do presente, nos permite respirar uma brisa do futuro e sem a qual podemos sufocar em determinadas situações.

A esperança nos dá a força para a virada do passado para o futuro, que consiste no perdão. Se o pecado é a morte, o perdão é a ressurreição.

❦

Intencionalmente não faço nenhuma distinção entre "conceder perdão", "perdoar" e "aceitar perdão". No Pai-nosso e nas palavras que acompanham a dádiva dessa oração, Jesus nos lembra insistentemente que nós podemos ser perdoados na medida em que nós perdoamos aos nossos devedores. As escrituras nos ensinam que não *devemos* perdoar apenas para que nós também sejamos perdoados, mas que só *podemos* perdoar, porque nos foi perdoado. O perdão é uma arte divina, nós a aprendemos de Deus, por nós mesmos jamais seríamos capazes de praticar o perdão.

No máximo, seríamos capazes de chegar ao princípio da justiça: "Olho por olho, dente por dente", eu lhe faço o que você me faz – mas perdoar significa um passo que vai radicalmente além disso: *Eu lhe faço o que Deus me faz*. Um perdão é um "milagre" – com ele, transcendemos a lógica rígida "deste mundo" e de seus cálculos e adentramos o território do Reino de Deus; em cada ato de perdão verdadeiro, um raio de esperança rompe as nuvens da maldade humana. Cada perdão, com o qual damos preferência à vontade de Deus para a reconciliação e desistimos de nossa vontade de poder e vingança, é um pequeno passo para que se cumpram as palavras "assim no céu como na terra".

Quando, na celebração do Sacramento da Reconciliação, concedo a uma pessoa verdadeiramente arrependida o sinal do perdão de Deus (e quando eu mesmo o recebo no sacramento), eu tenho a impressão de que estou realmente presenciando um milagre, um milagre mais extraordinário do que aqueles que a ganância sensacionalista do ser humano deseja testemunhar; de que isso realmente é um sinal semelhantemente poderoso como o Batismo e a Eucaristia e os outros sacramentos da Igreja. Mesmo sabendo que a misericórdia divina pode entrar na vida humana por muitos outros caminhos, eu realmente fico triste quando – provavelmente também por culpa do modo mecânico em que esse sacramento foi e ainda é administrado na Igreja – muitos cristãos têm a impressão de que esse sacramento nada mais seria do que uma forma pré-científica de psicoterapia, uma formalidade vergonhosa ou até mesmo magia. Mesmo que não acredite que o mundo seria curado simplesmente se as pessoas voltassem a formar filas na frente dos confessionários da Igreja Católica, parece-me que os cristãos deveriam cultivar e multiplicar todas as possibilidades de imitar Jesus no mundo de hoje: num mundo que tende a apedrejar aquelas pessoas que tentam seguir àquele que pôs um fim à sede do sangue da pecadora e lhe abriu um novo futuro: "Nem eu te condeno. Vai, e de agora em diante não peques".

∽

Uma das piores características do pecado é que ele pode tornar o ser humano tão cego que o pecado se torna invisível e irreconhecível para ele. "Como alguém pode ser culpado?" – com essa pergunta de Josef K. no livro *O processo*, Franz Kafka expressa não só uma das perguntas típicas do ser humano, mas revela também a tragédia de sua situação: A negação da culpa leva à negação da responsabilidade, e a negação da responsabilidade leva à perda da liberdade. O "inocente" ingênuo não retorna para o paraíso, mas perde a sua humanidade e se torna parte do reino dos animais e dos objetos. Esse disfarce perigoso do pecado se revela apenas no momento do perdão. É apenas no momento do perdão que o culpado se torna capaz de *reconhecer* seu pecado, pois é apenas no processo da penitência, por meio do arrependimento, da confissão e da aceitação do perdão que ele pode adquirir aquela distância que lhe permite ver o pecado à luz do dia e se libertar dela, de sair da armadilha do passado e entrar no novo espaço do futuro. Um pecado não curado é, portanto, uma questão *sinistra*.

Um dos maiores paradoxos da fé é – para citar mais uma vez as palavras de Hans Jonas – que o ser humano só consegue ouvir o chamado de Deus quando ele começa a responder a ele. Isso vale, de modo análogo, também para a culpa. Apenas quando o ser humano começa, por meio da penitência, a se confrontar com a sombra de seu passado, ele recebe a luz necessária para se reconhecer como um ser culpado. Apenas então ele consegue descobrir sua verdadeira identidade, se ver como Adão em toda a sua nudez, sem a proteção das folhas da figueira das desculpas, ilusões e tentativas de justificativa. O fato de que ele consegue enxergar tudo isso apenas agora é, ao mesmo tempo, misericordioso: Se ele tivesse se enxergado dessa forma antes de receber a garantia da esperança de perdão e cura, é provável que ele não teria sido capaz de suportar essa visão de si mesmo. Neste momento, porém, já o aguardam as vestes de uma nova identidade. Quando o filho pródigo da parábola de Jesus consegue reconhecer e admitir sua miséria, o pai, ainda antes de o filho completar sua confissão, já exclama: "Trazei depressa e vesti nele a túnica mais preciosa!" Quando – como veremos – Jacó, na luta noturna com o anjo, finalmente consegue dizer seu nome e encontrar sua identidade: "Eu sou Jacó" (pois consistia em sua mentira de ter afirmado: "Eu sou Esaú"), ele recebe seu novo nome: "Israel".

Quando faço um batismo como sacerdote e, antes do batismo, rezo: "liberta-o da culpa que o oprime desde o início da raça humana" e, segundo a tradição, exorto o batizando a renegar ao mal, tenho a sensação de que isso dá ao catecúmeno a oportunidade de entender: "Eu sou Adão" – e logo em seguida (mas apenas em seguida) ele recebe no batismo o nome batismal, sua nova identidade.

A narrativa sobre a luta misteriosa de Jacó às margens do Rio Jaboque (cf. Gn 32,23-33) provocou um grande número de interpretações diferentes, e sem dúvida alguma outras se juntarão a estas. Aqui, quero me concentrar em apenas um aspecto da narrativa. Na noite anterior ao encontro de Jacó com seu irmão Esaú, acontece uma luta estranha (talvez apenas no sonho, mas isso não é o que importa aqui). Numa das margens se encontra o acampamento de Jacó, da outra margem aproxima-se Esaú com seus assistentes armados. A velha briga, iniciada pela culpa de Jacó, por sua mentira e o roubo da bênção paterna (o nome Jacó significa literalmente "ardiloso", "astucioso" e até mesmo "mentiroso"), deve ser resolvida por uma luta mortal entre os irmãos. A Bíblia conhece muitas lutas desse tipo desde o conflito entre Caim e Abel, e o restante da história da humanidade conhece outras mais.

Jacó está com medo. Um comentário no Talmude interpreta a expressão "Jacó ficou com muito medo e angustiado", de tal modo que Jacó temia por sua própria vida, que ele possa ser morto, e ao mesmo tempo ele teme por seu irmão, que ele mesmo possa matá-lo na luta.

Durante a noite, porém, aconteceu algo que permitirá a Jacó no dia seguinte ir ao encontro do seu irmão não como inimigo, concorrente ou rival (tudo isso ele já experimentou e nada de bom resultou disso), mas como homem arrependido com o pedido de perdão, com a esperança da reconciliação. Naquela noite (possivelmente num sonho – o lugar privilegiado na Bíblia para teofanias) Jacó recebe a visita de um homem misterioso. Ele o ataca sem motivo visível, ele luta com ele. E Jacó compreende, paradoxalmente apenas no momento em que ele não capitula, em que ele não desiste, em que ele luta ferozmente e apenas quando ele *vence*, que seu "adversário" é mais poderoso do que ele – até mesmo que ele é o "Todo-poderoso". E ele quer que este o abençoe. Ele não pede – ele ainda não consegue fazer isso –, ele o obriga com força: "Não te soltarei se não me abençoares".

Jacó quer a bênção, mas o "misterioso" também quer algo, ele impõe uma condição: aquilo que ele exige de Jacó é seu nome. Dessa vez, Jacó não pode recorrer a uma mentira para conseguir a bênção, apresentando-se como alguém que não é. Ele só poderá receber a bênção como aquele que ele é e como ele é: Ele é Jacó – o ardiloso.

Quando ele diz: "Eu sou Jacó", ele confessa a verdade a seu respeito e também a sua culpa. Sua culpa consiste em ter passado a vida inteira *querendo ser outra pessoa*, em ter invejado seu irmão e em ter desejado ser seu irmão. Ele não quis apenas a bênção do irmão, mas também sua identidade. Não foi só no momento em que ele mentiu para o pai que ele disse: "Eu sou Esaú". Ele havia contado essa mentira para si mesmo durante muito tempo. Agora, quando diz: "Eu sou Jacó", ele deixa Esaú ser Esaú, ele pode encontrá-lo como seu irmão, não como um fantasma pelo qual ele se sente ameaçado o tempo todo e contra o qual ele precisa se defender por meio da ilusão, da fantasia e da enganação de ser seu irmão. Até agora, seu irmão era a sombra que obscurecia sua própria felicidade, ele estava sempre "à sombra de seu irmão".

Agora, sai da sombra alguém que, no início, também se apresenta como inimigo, mas que, ao nascer do dia, se revela como doador da bênção. E a bênção que Jacó conquista por meio da sua luta é sua nova identidade, seu nome novo, que representa um reconhecimento: *Você venceu*. Israel não é apenas aquele que luta ("que luta com Deus e com os homens"), mas sobretudo aquele que *venceu*. Aquele que, devido ao medo por si mesmo e não conseguia ser ele mesmo, reconhece agora que seu medo não tinha fundamento. E ele demonstra que entendeu que dignidade ele conquistou para si mesmo ao ir ao encontro de seu irmão com humildade. A humildade de seu pedido de perdão não é uma fraqueza, mas sua força. Ao "lutar contra Deus", ele conquistou a maior vitória possível (uma vitória ainda maior do que a "vitória sobre Deus") – ele superou a si mesmo.

Nisso consiste a esperança: Quando o ser humano supera a si mesmo, quando ele amadurece para a humildade e recebe a força para pedir perdão ou a força para perdoar, ele supera a força e o peso mau do passado, ele se liberta das amarras da culpa e está pronto para o futuro.

Se quiséssemos traduzir a narrativa dramática da luta de Jacó para a linguagem da moral e da psicologia (um passo que não recomendo e que aqui só fazemos de modo tentativo), poderíamos interpretá-la como a *luta da consciência*.

O Deus que prometeu: "Eu estarei contigo", muitas vezes, está conosco na forma da voz que acompanha nosso conhecimento como consciência. Uma "consciência ruim" contém uma visão "ruim" de Deus: Deus é visto como inimigo, como demônio sombrio, que nos ataca e nos desafia para a luta. Não se refugiar na mentira de desculpas covardes, mas enfrentar a luta, suportar as feridas, lutar – isso pode nos ajudar a reconhecer por trás da máscara do demônio o libertador da mentira: reconhecer ao mesmo tempo sua própria identidade verdadeira e alcançar uma nova identidade.

E a prova para determinar se realmente vencemos a luta (se o "mentiroso" se transformou em "Israel") é a medida da nossa humildade. Perdoar, dar espaço à esperança, exige a coragem e a generosidade do amor: pedir perdão e aceitar perdão (saber que vivemos na base do perdão) exige humildade – a coragem para a verdade.

"Onde está o lugar em mim para o qual posso te convidar?", pergunta Santo Agostinho a Deus na famosa oração no início de suas "Confissões". Poderíamos dizer que esta é a pergunta-chave de toda piedade – Agostinho era o mestre das boas perguntas. À luz da narrativa sobre a qual meditamos poderíamos dizer: na humildade. Na humildade que nos permite perdoar e aceitar perdão: não sete vezes, nem mesmo setenta e sete vezes, mas sempre, sempre de novo. Não existe outra porta pela qual o Deus da esperança (Deus como nossa esperança e nosso futuro) possa entrar em nós.

10
Terá a chuva um pai?

Já li ao longo da minha vida muitos livros belos, muitos livros assustadores (perturbadores, preocupantes) e muitos livros profundos, mas nunca li um livro que é, ao mesmo tempo, tão belo, tão assustador e tão profundo quanto o Livro de Jó. É o livro mais difícil, mas talvez também o livro mais precioso de toda a Bíblia.

Se a Bíblia não contivesse nada além do Livro de Jó, mesmo assim ela seria para mim o Livro dos Livros (e digo isso em plena consciência de que, nesse caso, a Bíblia realmente seria um livro pavoroso); mesmo assim ela seria para mim aquela Palavra de Deus que traz mais luz do que todos os escritos sagrados da história religiosa que conheci ao longo da minha vida. Essa luz é, porém, uma luz peculiar e estranha: Ela cega mais do que ilumina; o livro inteiro atropela o leitor com perguntas em vez de acalmá-lo com respostas, ela inquieta com o abismo do mistério em vez de construir sobre a rocha da certeza. O Livro de Jó confronta o ser humano com o absurdo do mal, ao mesmo tempo solapa todos os esforços religiosos clássicos de afastar a vertigem da razão com teorias piedosas que tentam racionalizar tudo.

Sempre que, após determinado tempo, volto a ler o Livro de Jó, eu me surpreendo e me envergonho com a superficialidade e insuficiência da minha compreensão desse texto, com tudo que escapou da minha atenção até agora. Não tenho dúvida de que farei a mesma experiência com as observações feitas aqui, quando voltar a lê-las após algum tempo.

Esse livro tem a forma de uma peça de teatro, de um drama, que nos absorve tanto que, por um instante, nos vemos no papel de Jó e nos reconhecemos nas palavras e argumentos dos amigos e adversários de Jó; apenas o papel do Senhor é tão misterioso que não podemos assumi-lo, o ser humano não tem como atuar seu personagem.

Às vezes, quando leio esse livro, sinto vontade de protestar em alta voz, de me opor ao que leio e de rebelar contra o Deus do qual o livro fala; mas então me lembro de que *o livro trata exatamente disto*: É o protocolo de um processo contra Deus. É o protocolo de um processo jurídico de um ser humano contra Deus, de uma briga que transcorre de forma surpreendente e que tem um final chocante, ambíguo e totalmente confuso.

Talvez o objetivo do final feliz um pouco banal no fim do livro seja permitir que o leitor, que suportou os enigmas e as provocações ao longo do texto apenas com grandes dificuldades, se reconcilie com essa história. Talvez pretenda ajudar a esquecer o processo não encerrado de Jó contra Deus; ajudar a superar os abismos do texto e a ler o livro como um conto de fadas moralizante sobre como uma pessoa boa, mesmo que seja submetida a uma prova, acaba recebendo sua recompensa. Na verdade, porém, o livro inteiro é uma refutação desse conto de fadas piedoso sobre o bem que *precisa* ser recompensado; ele ensina a viver num mundo no qual isso *não* acontece, ele ensina *a conviver ao mesmo tempo com o bem e com o mal e com Deus*, ensina a viver com os paradoxos e com o mistério, sim, com o maior paradoxo e o maior mistério, que nós chamamos Deus, a conviver com o mistério sobre o qual – e esta é uma das mensagens essenciais do livro – sabemos tão pouco!

Muitos anos atrás, uma pequena observação chamou minha atenção para o fato de que o "Processo" de Kafka pode ser lido como *midrash*, i.e., como exegese do Livro de Jó. Essa combinação me permitiu ler o Livro de Jó sob uma nova perspectiva e a adquirir uma nova visão sobra a obra de Franz Kafka (cf. Gn 32,23-33).

Mais precisamente, minha compreensão desses dois livros ficou mais complexa e questionou minha noção ingênua de que seria possível formar uma opinião sobre esses dois livros que não suscitaria imediatamente uma interpretação completamente contrária, mas igualmente justificada.

Tanto Jó quanto Josef K. insistem em sua inocência e tentam desesperadamente entender a absurdez do processo contra eles. Tentam "desvelar o terrível inequívoco", defender-se e inverter a causa para então acusar o tribunal e o juiz: Pois tudo está de ponta-cabeça e "a mentira é transformada em ordem do mundo"! A expressão-chave do "Processo" é, provavelmente, a mensagem ambígua que é comunicada a Josef K. na forma de uma parábola de um dos padres na catedral; é a pergunta de Josef K.: *Como um ser humano pode ser culpado?*[33]

Será que Josef K. é realmente inocente, e será que todo o "Processo" pode ser lido como previsão dos julgamentos e execuções absurdos aos quais, pouco tempo depois da morte de Kafka, tantas pessoas (inclusive parentes e amigos de Kafka) foram expostas por causa de sua raça ou classe social, apesar de não terem cometido nenhum crime? Ou será que Josef K. é realmente culpado – culpado por causa de sua vida superficial sem um sentido mais profundo, sem relacionamento, sem amor e responsabilidade? Será que ele é culpado por causa dessa superficialidade que não lhe permite nem mesmo reconhecer e compreender sua própria culpa? Ou devemos interpretar tudo como afirmação sobre a absurdez do mundo e da vida humana, que, em sua essência, sempre é um paradoxo sem solução, um fragmento ilegível com um fim ruim? Ou será que o "Processo" tenta dizer algo sobre o Deus oculto e inacessível, sobre seu juízo sagrado impenetrável, cuja primeira fase transcorre – segundo alguns ensinamentos da Cabala – na Terra, por meio dos

---

33. Cf. KAFKA, F. *O processo*, cap. 27.

seres humanos maus, injustos e amorais, já que Deus oculta suas qualidades em seu oposto?

Como um ser humano pode ser culpado? Jó insiste em sua inocência, e noventa e nove dentre cem interpretações acatam sua versão. Mas será que toda a história é realmente apenas uma prova na qual o justo acaba persistindo, em que Deus ganha sua aposta cruel com satanás e a inocência de Jó é reconhecida? Mas isso significaria que Jó não mudou em nada – ou seja, que ele *não aprendeu nada*. Por que, porém, Jó acaba confessando que ele conhecia Deus apenas indiretamente pelas palavras de terceiros, mas que agora ele o vivenciou de perto e de verdade? O que foi que ele descobriu sobre Deus, o que ele aprendeu sobre Ele? Ele aprendeu a se despir daquela visão "inocente" e ingênua de Deus? Uma visão segundo a qual Deus deve funcionar conforme nossas noções do bem e do mal, de justiça e injustiça, de felicidade e calamidade? E não seria a mensagem exigente e assustadora do Livro de Jó que *também nós* precisamos abrir mão dessa imagem ingenuamente piedosa de Deus e de suas supostas obrigações para conosco, desse "otimismo moral", que tratamos como algo tão sagrado, e mostrar que, no fundo, somos confrontados com a decisão de aceitar Deus como lei, como "princípio", ou como um Deus vivo, como mistério cheio de paradoxos?

Se insistirmos que a história de Jó é a história de uma *prova*, não deveríamos esquecer que uma prova não é uma tortura sem sentido. Uma prova é um ato pedagógico importante, elemento de qualquer estudo, parte do aprendizado. O Livro de Jó trata de um processo que pode se transformar em processo de *aprendizado* – se levarmos a sério esse conceito tão caro à tradição judaica.

Uma história chassídica fala de um homem jovem que, a despeito da oposição do pai, que o criara como sucessor de sua empresa, foi estudar com os rabinos. Um ano depois, quando o estudante volta para passar as férias em casa, o pai lhe pergunta ironicamente: "Então, o que você aprendeu de bom neste ano?" "Aprendi que o

Senhor, nosso Deus, é único." Com a mesma ironia, o pai se volta para o primeiro aprendiz que vê e lhe pergunta: "Isaac, você sabe que nosso Deus é o único Senhor?" "Mas é claro que sim", responde Isaac. Mas o estudante exclama escandalizado: "Eu sei que ele ouviu isso – mas: *ele aprendeu isso?*"

O que foi Jó *aprendeu* sobre Deus? E o que foi que nós aprendemos?

∾

A linguagem do Livro de Jó é tão rica e cativante que, de vez em quando, eu não consigo me livrar da suspeita de que isso é um ardil desse livro admirável, uma das muitas maneiras em que o texto procura não revelar sua mensagem verdadeira com tanta facilidade: O leitor fica tão encantado com a beleza literária do texto, tão cativado pelo fluxo da poesia, tão tomado pela riqueza das metáforas, que ele facilmente ignora o tesouro verdadeiro e oculto: aquilo que o texto realmente diz.

Como é peculiar e estranha a conduta de Deus, que responde às queixas e acusações de Jó numa linguagem que, por vezes, lembram imagens e poesias surreais, descrevendo o drama da natureza e fazendo perguntas às quais nenhum mortal poderia responder. "Terá a chuva um pai? Ou quem gera as gotas de orvalho? De que seio sai o gelo? Quem dá à luz a geada do céu?" Ou: "Onde está o caminho para a morada da luz, e quanto às trevas, onde é o seu lugar?" (Jó 38,19.28s.).

Talvez um leitor moderno objete agora que, hoje, ao contrário do autor desse livro antigo, conhecemos as respostas à maioria dessas perguntas, que conhecemos os processos físicos que geram vento, orvalho e gelo, que o ser humano de hoje, graças à tecnologia, já andou pelo fundo do mar etc. Peço a esse leitor que feche não só o Livro de Jó, mas também este – na esperança de que, quando ele voltar a abri-lo em algum momento, ele consiga rir sobre suas ressalvas.

Quando voltei a ler o Livro de Jó tive a impressão de que a mensagem verdadeira do livro possa estar guardada nesses versículos admiráveis, que lembram os *koans* dos mestres do budismo zen: enigmas que não podem ser solucionados racionalmente, que "amarram a razão", que bloqueiam o nosso modo de pensar e assim nos permitem avançar até o cerne do paradoxo e vislumbrar no raio do reconhecimento a solução que não pode ser articulada em palavras. "Terá a chuva um pai?" As duas respostas contrárias que se oferecem de imediato: "É claro que não" e "É claro que sim, pois Deus é Pai e criador de tudo" – são igualmente verdadeiras e absurdas, pois nenhuma soluciona o enigma divino.

A resposta depende da nossa escolha: Preferimos entender aquela resposta estranha do Senhor a Jó como manifestação da força divina ou como "fraqueza", como manifestação orgulhosa do poder de Deus ou como evidência de sua incompreensibilidade, ou até mesmo como *referência divina à incompreensibilidade do mundo.*

O que irritava não só a mim mesmo no passado era que o Senhor, ao invés de responder amorosamente às perguntas de Jó, ostentava seu conhecimento, que Ele destrói completamente o coitado do Jó e finalmente o obriga a capitular. Mas se optarmos por essa leitura – que é absolutamente natural! – nós concordamos com Eliú, o mais jovem e mais esperto dos amigos de Jó. Com aquele que, ao louvar a justiça de Deus ("Longe de Deus praticar a impiedade e do Todo-poderoso cometer a injustiça" (Jó 34,17)), justifica seu louvor a Deus com um argumento um tanto estranho, com a referência ao *poder* terrível de Deus: "Aquele que pode dizer a um rei: "Malvado!" e chamar os nobres de ímpios?" (Jó 34,18)[34]. Jamais saberemos se, aqui, Eliú não revela inconscientemente a sua postura segundo a qual seria melhor lisonjear o Todo-poderoso e se curvar perante Ele ou se esse jovem simplesmente acredita que a sabedoria e a justiça na terra como no céu precisam andar em harmonia ("Pode um inimigo

---

34. C.G. Jung observou isso corretamente em seu comentário. Cf. JUNG, C.G. *Antwort auf Hiob*. Munique, 2001, p. 15.

do direito governar? E tu ousas condenar o Justo, o Poderoso?" (Jó 34,17)).

Mas também a descrição da grandeza da natureza pode ser lida de modo completamente diferente. O Senhor não diz explicitamente que Ele é "o pai da chuva", que Ele é o Senhor de tudo e tudo sabe. É possível que nós projetamos isso sobre o texto na base daquela imagem que temos de Deus. O Senhor descreve simplesmente todo o drama da criação em sua beleza e incompreensibilidade – e parece que, por um momento, Ele *mesmo se surpreende* com a grandeza de sua obra. Como, então, o ser humano poderia compreendê-la?

Ao contrário de Jung, Chesterton lê essa passagem em seu comentário genial desta forma: "Deus não vem para solucionar o enigma, mas para apresentar outro. Jó se tranquiliza porque ele finalmente compreende que existe algo ainda mais misterioso do que sua própria incompreensão. Como se o mistério de Deus fosse ainda mais obscuro e vertiginoso do que os enigmas humanos de Jó [...]. Deus quer que Jó compreenda a incompreensibilidade do mundo e, por um momento, assume o papel do zombador. Poderíamos dizer que, por um momento, ele se transforma em ateu. Numa rapsódia admirável, Ele lhe mostra uma procissão absurda de criaturas: um cavalo, uma águia, um corvo, um jumento, um pavão, um avestruz, um crocodilo, como se Ele mesmo estivesse surpreso com tudo aquilo que criou. [...] Jó interroga Deus, e Deus responde com um ponto de exclamação. Em vez de explicar que o mundo é inexplicável, Deus mostra que ele é muito mais misterioso do que Jó imagina"[35].

Segundo o Rabino Harold Kushner, o Senhor usa a descrição para mostrar a Jó: "Se você acha que é tão fácil governar o mundo, tente você!"[36] Deus mostra que é muito mais difícil tirar o mal do caminho do que o ser humano consegue imaginar, até mesmo para

---

35. TOMSKY, A. (org.). *Úžas, radost a paradoxy v díle G.K. Chestertona* [Admiração, alegria e paradoxos na vida e na obra de G.K. Chesterton]. Kostelní Vydrí, 2007, p. 258.

36. KUSHNER, H.S. *Když se zlé veci stávají dobrym lidem* [Quando coisas ruins acontecem a pessoas boas]. Praga, 2000, p. 51.

Deus. (Essa interpretação se aproxima da abordagem da "teologia após Auschwitz", que identifica no Livro de Jó uma referência ao mistério da "impotência de Deus" em relação ao mal, ao mistério do silêncio de Deus e de sua não intervenção nas noites escuras da vida e da história humana; ao mistério de Deus que, segundo o misticismo judaico – *se retirou voluntariamente para dentro de si mesmo*, para – com todas as consequências – dar espaço à criação e à sua liberdade.)

Jung, que – como Bloch – nessa luta entre Deus e o homem, considera Jó o vencedor moral (e ambos veem nisso a mensagem revolucionária do Livro de Jó), identifica nos discursos de Jó a pergunta provocante a Deus: "E Tu, em algum momento experimentaste o que significa ser um ser humano?" (Assim, porém, Jung – que normalmente faz de tudo para que seu comentário provoque os ouvidos dos piedosos e para que estes se levantem contra ele, pois em seu livro ele trava uma guerra impiedosa contra o Deus de seu pai e de seus antepassados, que eram pastores – constrói uma ponte para a interpretação cristã tradicional do Livro de Jó, ou seja, como exemplo do sofrimento do Deus-homem Jesus; tentemos não acatar essa interpretação rápido demais.)

Talvez seja esta a solução do *koan*: Assim como não é possível identificar o "pai da chuva", também não é possível encontrar uma resposta racional à pergunta sobre o mal e o sofrimento no mundo. Mas o ser humano pode assumir a responsabilidade pelo seu destino e compreendê-lo como um fragmento minúsculo do drama cósmico, e ele só consegue fazer isso se ele o inserir no contexto de uma trama que é muito mais complexa do que todas as suas perguntas.

O Senhor conduz Jó do mundo da teologia moral para o mundo da natureza. Pois no campo da teodiceia racional, da especulação teológico-filosófica sobre como é possível reconciliar o conceito de um Deus todo-poderoso e justo com o sofrimento dos inocentes, campo este no qual a briga de Jó com seus amigos era travada até então, o problema não pode ser solucionado. As respostas simples que se ofereçem – "um homem que sofre não pode ser inocente" (a solução sugerida pelos amigos de Jó) ou "Deus não pode ser bom" ("Amaldiçoa a Deus e morre!" (Jó 2,9)[37] – a solução sugerida pela esposa de Jó) ou "Deus não existe, Ele não pode existir" (a solução oferecida por gerações de ateus, que argumentam com as catástrofes históricas, com os desastres naturais e com as calamidades na vida pessoal) – não são, evidentemente, a solução desse enigma; pois elas destroem o enigma.

O Senhor confirma a validade dos argumentos de Jó, e não dos argumentos de seus advogados – talvez, porque Jó encontrou outra saída durante suas lamentações: O Senhor é *diferente*. Ele é diferente daquilo que eu imaginava! Ele é diferente do que como o descrevem as teorias teológico-jurídico-morais dos amigos cultos e piedosos. Mas é justamente por isso que Jó acusa o Senhor perante o tribunal, que ele o coloca no banco dos réus. Ele exige que o Senhor finalmente retire a máscara ameaçadora do inimigo incompreensível, enganoso, imprevisível, teimoso e silencioso, que ataca sem declaração de guerra e sem justificativa. O Senhor aceita o desafio; mas o processo precisa ocorrer num contexto diferente e maior do que no espaço das categorias teológico-morais comuns: Ele acontece na natureza. O Senhor *chama a natureza como testemunha*, Ele lhe dá a palavra. Ele lembra o drama da natureza, onde vale uma lógica totalmente diferente daquela usada até então nesse conflito.

"Você afirma que o mundo, o mundo moral, precisa ser lógico e racional, que nele não existe espaço para o absurdo – mas olhe para a ordem da natureza, para esta grande obra minha. Quão absurda é ela! Existe outra maneira senão esta de ler, por exemplo, os versículos sobre o deserto que é banhado pela chuva apesar de ninguém viver nele?"

---

37. Ao contrário de muitas traduções, a declaração da esposa de Jó no original hebraico diz: "Bendiz a Deus (i.e.: despede-te de Deus) e morre!"

No fim, Jó cobre humildemente a boca com a sua mão. "Eu te conhecia só por ouvir dizer; mas agora meus próprios olhos te veem." O que Jó compreendeu sobre Deus? Ele compreendeu que Ele é incompreensível. Ele compreendeu que nenhum participante no grande drama da criação, no qual está inserido também o nosso destino individual, possui a distância e a visão necessária para ver e compreender tudo.

No entanto, eu só consigo compreender essa incompreensibilidade e aprender a viver com ela *na esperança* de que existe alguém que pode me elevar acima da minha perspectiva, mesmo que apenas por um instante, mesmo que essa elevação signifique olhar para a luz insuportável do mistério e não tornar-se um conhecedor divino. "Oh! se houvesse quem me ouvisse!" exclama Jó, que já não suporta mais seus amigos, que não param de falar e se mostram incapazes de ouvi-lo e de entender a linguagem de sua dor. "Eu estou aqui", responde o Senhor em meio ao vento e à tempestade.

11
A voz em meio ao vento e à tempestade

O Livro de Jó nega a visão tradicional de Deus; ele não conhece nenhum Deus que, como em um conto de fadas qualquer, castiga os culpados e recompensa os bons – *não de qualquer jeito, mas da maneira como nós justos o imaginamos e exigimos*. Isso, por si só, já representa uma revolução no pensamento religioso.

Podemos detectar uma virada semelhante também na visão da natureza, que exerce um papel tão importante neste livro? Em quase todos os livros podemos ler sobre a cosmogonia e a teologia bíblica que, para a Bíblia, o lugar da teofania (a revelação do divino) é a *história* com seus eventos constantes e singulares. Para as religiões e mitologias pré-bíblicas e não bíblicas, esse espaço era oferecido pela natureza com seus eternos ciclos. O Deus do Livro de Jó, porém, nos apresenta justamente o drama da *natureza* – e não é uma imagem tranquilizadora de conveniência e harmonia, mas o seu oposto! Quando Jó afirma que "é uma luta a vida humana aqui na terra", Deus lhe mostra que o ser humano não está sozinho com esse destino na terra.

A natureza está cheia de paradoxos, e certamente vale o que Pascal formulou sucinta e genialmente em seus *Pensées*: "A natureza possui perfeições para mostrar que ela é a imagem de Deus, e falhas para mostrar que ela é *apenas* a imagem"[38].

---

38. PASCAL, B. *Pensées*. Brunschvicg, p. 451.

Hoje conseguimos enxergar a natureza apenas com dificuldade, sem os óculos que os poetas românticos, de um lado, e Darwin, com sua descrição da natureza como luta pela sobrevivência do mais forte, de outro, colocaram em nossos narizes. Certa vez, um colega contribuiu com um pensamento interessante durante uma conversa: Talvez todo grande teórico da ciência natural projete inconscientemente a experiência social de seu tempo sobre sua visão da natureza. Assim como a cosmologia medieval refletia a ordem hierárquica medieval, Darwin projetou o conflito e as lutas de concorrência do século XIX sobre a sua visão da natureza.

Permitam-me um pequeno excurso: O que realmente aconteceu no caso de Darwin? No jubileu recente de Darwin reavivou-se o debate sobre a relação entre ciência e religião. Ouviam-se sobretudo as vozes de dois campos (vozes que me parecem totalmente entediantes e absolutamente simétricas e tolas), os gritos dos criacionistas – fundamentalistas bíblicos – e as palavras de guerra dos fundamentalistas secularizados como Richard Dawkins. Eu como cristão e teólogo não me interessa tanto pela biologia darwinista, pois não sei – assim como a maioria dos teólogos atuais não sabe e como o próprio Darwin não soube – por que a teoria da evolução deveria pôr em dúvida a minha fé em Deus e influenciar a minha teologia desta ou daquela forma.

Na época, Darwin prestou um grande serviço à teologia ao negar que a Bíblia pode ser lida como apostila da ciência natural, mas esses problemas há muito foram superados na teologia bíblica. Como teólogo, eu me interesso pela teoria de Darwin; como cristão, eu me interesso pela história de sua fé.

A única formação que Darwin concluiu foi teologia, e todas as perguntas biológicas por ele abordadas na universidade foram estudadas no contexto da teologia e sob um ponto de vista teológico – pois grande parte da "teologia natural" da época consistia no estudo da natureza como um segundo livro da revelação (ao lado da Bíblia) e deduzia da racionalidade e harmonia da natureza a prova da existência do Criador e da perfeição de sua obra.

Mais tarde, Darwin contribuiu para a emancipação da biologia ao desvencilhá-la do contexto da teologia e traduzi-la para a linguagem da história. *Ele transformou a natureza em história*, em uma história. (No mesmo século, Hegel traduziu a teologia da língua da metafísica estática para a língua da história e transformou Deus — semelhante ao que faz hoje a teologia processual — em história, em uma história.) Mas o que restou da teologia de Darwin?

Como sabemos, Darwin jamais foi ateu; ao longo de sua vida, porém, a fé de sua juventude teológica se enfraqueceu, e no fim de sua vida ele professou ser *agnóstico* tolerante. Aquilo que abalou sua fé não foram, porém, suas pesquisas biológicas; o próprio Darwin permaneceu durante toda a sua vida um "criacionista moderado", como alguns gostam de descrevê-lo. Ele via o ato criativo de Deus como anterior ao processo da evolução e nunca teve a intenção de excluí-lo ou negá-lo completamente. Aquilo que realmente abalou sua fé foi a morte de sua filha amada — a teologia iluminista, na qual a harmonia da natureza exerce um papel mais decisivo do que no drama da paixão, não conseguiu lhe oferecer uma resposta a esse mistério, ao mistério do sofrimento.

Que resposta Darwin teria encontrado no Livro de Jó às suas perguntas existenciais (não biológicas)?

Para o enigma de Jó existe ainda outra solução engenhosa, a resposta oferecida pelos gnósticos em diversas versões ao longo dos milênios. A gnose nos diz que existem *duas deidades*: o demiurgo mau, responsável pelo mundo material ruim e por todo o mal, e, escondido nos bastidores, o Deus bom. A este Deus bom pertence a nossa alma. Mas a nossa alma foi lançada no corpo e no mundo, na matéria impura, num espaço no qual nos encontramos como que adormecidos, como que embriagados, até que somos despertados para iniciar o caminho do *conhecimento* de volta para o seio paterno.

O enigma eterno que pergunta como podemos reconciliar um Deus poderoso com a existência do mal e do sofrimento num mundo criado por Ele encontra sua solução simples na negação da exclusividade (e singularidade) de Deus e no reconhecimento de duas deidades.

Harold Bloom escreve que cada um de nós é confrontado com este grande dilema: "Se conseguirmos aceitar um Deus que consegue conviver com campos de concentração, esquizofrenia e Aids e mesmo assim permanece onipotente e, de alguma forma, bondoso, temos a fé [...]. Mas se soubermos que temos alguma afinidade com um Deus estranho, separado deste mundo, somos gnósticos"[39].

Aparentemente, Jó é elogiado também por não cair na armadilha dessa tentação, mesmo que oscile por um momento à beira desse abismo. Quando Jó exclama contra Deus e, no texto hebraico, apela ao seu *goel* (vingador, redentor ou salvador) ("Eu sei que meu Defensor vive e aparecerá, finalmente, sobre o pó" (Jó 19,25)), ele quase deu o passo para o dualismo gnóstico. Mas quem quer que seja esse *goel* misterioso (e num capítulo posterior deste livro voltaremos a falar sobre esse motivo), certamente não se trata de um antideus. Pois logo no versículo seguinte Jó acrescenta: "Depois que minha pele foi assim lacerada, já sem a minha carne, *verei a Deus*; eu, sim, verei aquele que está a meu favor; meus olhos contemplarão quem não é um adversário. Minhas entranhas se consomem dentro de mim". E assim acontece: Jó verá Deus *de outra forma*, ele não verá *outro* deus.

Uma das mensagens essenciais do Livro de Jó é a rejeição determinada de qualquer dualismo religioso, do esquema Deus bom contra Deus mau (satanás). Por isso, o livro deixa claro já no início que satanás é apenas uma das criaturas, um dos servos de Deus (assim como em Gênesis a "serpente" é apenas um dos animais do paraíso). Ele tem sua função, ele tenta, seduz, provoca, e até parece que ele conseguiu provocar o próprio Deus. No entanto, ele não é

---

39. BLOOM, H. *Omens of Millennium*. Londres, 1997, p. 252.

um antideus poderoso. O autor do Livro de Jó permanece inabalável em seu monoteísmo, na fé na singularidade e exclusividade de Deus.

Mas é justamente assim que ele gera o verdadeiro enigma teológico: Se Deus não têm um parceiro equivalente que possa ser responsabilizado por todo o mal no mundo, então ou o mal precisa estar em Deus; ou Deus, no mal. *Tertium non datur.*

"O mal está em Deus", esta é a resposta de Jung; nesse ponto não quero nem posso segui-lo – ou só o acompanharia até a margem do abismo dessa heresia, apenas até a afirmação de que podemos encontrar em Deus também o lado "sombrio", i.e., o lado que não conseguimos compreender; de que Deus abraça o dia e a noite e transcende radicalmente as nossas concepções daquilo que é bom e mal.

"*Deus está no mal*, e, por isso, o mal não é verdadeiramente mal", esta é a resposta do judaísmo chassídico[40]; não quero segui-los nessa ingenuidade sagrada até aquela consequência extrema, mesmo assim, vale a pena tomarmos o tempo para contemplarmos essa resposta. O rabino Lawrence Kushner, um sucessor atual do misticismo chassídico, estabelece uma distinção estrita entre eventos "ruins" e eventos "maus"[41]. Acidentes e desastres trágicos que não foram causados intencionalmente por alguém, *não são eventos maus, mas eventos ruins*, assim como catástrofes naturais, inundações, erupções vulcânicas, relâmpagos ou doenças contagiosas.

Nisso se revela que *o mundo não é Deus* e que, por isso, ele não pode ser perfeito; esses fenômenos devem ser vistos como desafios de depositarmos a nossa fé e a nossa esperança em Deus e não no mundo. Eles não servem como causa para uma acusação contra Deus.

Se quisermos encontrar na Bíblia traços de uma "climatologia teológica" arcaica, que procure identificar o dedo de Deus por trás

---

40. Mais precisamente: Todo mal sempre serve para algum bem!
41. Cf. KUSHNER, L. *Na tomto míste byl Buh a Já, já jsem to nevedel* [Neste lugar estavam Deus e eu, mas eu não sabia]. Praga, 2005, p. 57-59.

desses fenômenos, outros textos bíblicos e principalmente a fé amadurecida do Livro de Jó nos dizem: Livrem-se dessas concepções ingênuas! Assim como a história do sacrifício de Isaac pretende dizer: Parem com isso, eu não quero que vocês me sacrifiquem crianças ou seres humanos! A Bíblia está cheia desse tipo de polêmicas internas, ela deve ser lida como um livro maravilhoso do diálogo de vozes e testemunhos *diferentes* sobre o amadurecimento da fé nas experiências do povo de Deus. Seria quase blasfemo lê-la apenas como manual unidimensional para o convívio com o mundo. Quando li as listas infinitas de "contradições na Bíblia" compostas pelos membros das academias soviéticas ateístas, fiquei muito feliz ao ver como esse livro é rico, colorido e precioso e ao reconhecer o quanto ele se aproxima da vida, que também é cheia de contradições; ao ver como a Bíblia transcende infinitamente as "ideologias científicas", que, em sua unidimensionalidade superficial, se mostram inúteis para a vida e a história (e cujos defensores tentaram mutilar a vida e a história para que elas se conformassem à imagem de suas receitas prontas). Eu confio numa teologia que – como a Bíblia – se parece mais com a literatura com sua força de inovação, com a originalidade de suas constantes reinterpretações do que com sistemas fechados "sem contradições" segundo o modelo da ciência positivista ou das "ideologias científicas" modernas.

Deus nos deu um mundo cheio de vida, ou seja, também cheio de contradições e surpresas, um mundo cheio de enigmas e tarefas exigentes, que se parece muito mais com um drama do que com um brinquedo sem qualquer risco. Falando nisso, faríamos bem em refletir sobre o que nós mesmos fizemos dele!

Voltemos para a diferenciação estabelecida por Lawrence Kushner. Ao contrário dos eventos ruins, os eventos realmente *maus* são apenas aqueles por trás dos quais se esconde a consciente intenção má de um ser humano – quando se trata de um abuso do presente da liberdade. Mas também nesse caso, o protesto voltado contra Deus se dirige à pessoa errada, pois jamais pretendemos nos queixar do presente da liberdade em si e não queremos ser seres sem liberdade manipulados como marionetes por Deus e sem qualquer risco. Deus jamais quis que fôssemos assim, e duvida que alguém realmente deseja uma existência e uma vida que transcorre como uma cena de um teatro de marionetes – não se ele prezar a sua existência humana pelo menos um pouco.

O mal nos parece sinistro, porque – especialmente no primeiro momento de um golpe inesperado do destino – ele costuma ser incompreensível; ele não só se recusa a nos explicar seu sentido, ele também ataca a nossa compreensão da sensatez do mundo e da vida, muitas vezes também a nossa compreensão religiosa desse sentido, nossa visão de Deus. Se estivermos sugerindo que o mal pertence à nuvem do mistério, na qual Deus oculta a sua face, poderíamos então dizer que "Deus está no mal".

O Livro de Jó pretende nos dizer que podemos brigar com Deus; podemos acusá-lo. Desde as lendas chassídicas até as histórias dos campos da morte dos nazistas – todas nos contam como pessoas piedosas julgaram e condenaram Deus – mas elas sempre encerram o processo com uma oração a Deus. Este é o verdadeiro *koan* da fé. A fé da qual nos falam a Bíblia e sobretudo o Livro de Jó oferece espaço para a briga com Deus, para a luta com Deus, e este espaço existe *apenas ali*.

Um ateu consequente não pode lutar com Deus, pois para tal luta lhe faltaria o adversário; aquilo contra o qual ele luta costuma ser apenas sua concepção de Deus – e, muitas vezes, apenas sua própria sombra. Ele mesmo acredita que está lutando contra Deus. Um ateu que acusa Deus de não ter criado o mundo segundo as suas ideias já comete com essa acusação uma heresia contra o dogma principal do ateísmo, que consiste na convicção de que não existe nenhum Deus. O ateu que, por causa do mal que existe no mundo, nega a Deus o direito de existir não é um ateu muito consequente, é antes uma pessoa que "crê", que não passou pela prova da fé representada pelo mal no mundo e que, magoado, vira as costas para Deus; ele se recusa a continuar a discutir com Deus e a lutar com

Ele como Jó ou Jacó. Mas a Bíblia nos diz que Deus *gosta daqueles que lutam com Ele*.

Foi apenas em sua luta com Deus que Jó conseguiu transcender aquela postura de expectativa de comerciante a Deus que funciona segundo o modelo de *crédito e débito*. Ele reconheceu que Deus não é um "princípio", não é uma "lei", mas o Deus vivo. Apenas na luta ele conseguiu vislumbrar o mistério do ser contraditório de Deus: Deus abarca o dia e a noite, o bem e o mal, a vida e a morte. Apenas nós vemos esses lados da vida como separados um do outro; mas o sol brilha, mesmo quando não o vemos; as estrelas brilham, mesmo quando não as vemos; a chuva cai no deserto, mesmo quando não habitamos nele. Nosso dilema é este: Ou referimos o mundo a nós mesmos, ou ele é absurdo e não conta; na verdade, porém, o mundo se orienta por Deus – mesmo quando não o conseguimos ver... Chesterton está certo quando, em sua interpretação sugestiva segundo a qual a mensagem principal do Livro de Jó consiste na ênfase da impenetrabilidade do mistério de Deus, acrescenta que, a despeito dessa impenetrabilidade, esse mistério "não é triste. É como um raio de luz que passa pela fenda por baixo de uma porta trancada".

Cada sentença revela seu sentido apenas em determinado contexto. Se não conhecermos o contexto, é possível que nós o interpretemos de modo equivocado ou que ele nos pareça absurdo. *Deus é o contexto da nossa vida* e do grande drama da história e da natureza; se ignorarmos esse contexto, não conseguimos entender a nossa própria história (sem falar da história da humanidade e da natureza) e ela pode nos parecer absurda.

Mas cuidado – alerta o Livro de Jó todos os piedosos – não podemos *dispor* desse contexto, inventá-lo e traduzi-lo para frases piedosas e usá-las para instruir os outros. Assim pecaríamos como os amigos de Jó. Se fizéssemos algo assim (e qual dos piedosos não faz isso pelo menos de vez em quando), Deus poderia nos castigar duramente se não houvesse pessoas bélicas e guerreiras como seu servo Jó que intercedem por nós.

Deus, aquele contexto misterioso da nossa vida, *nos é dado apenas como objeto da esperança.* E mesmo que nos esforçássemos a ler todas as suas mensagens com todo o cuidado do mundo, as palavras e as siglas misteriosas, os escritos sagrados e os tesouros da tradição e os sinais do tempo, e mesmo que, juntamente com a grande obediência católica, acreditássemos em tudo que a santa Igreja nos apresenta como objeto da fé (como eu também me esforço a fazer) – todos esses passos bons, úteis e até mesmo imprescindíveis nada mudariam nesse fato. Esperança, fé e amor, esse "fio triplamente tecido" é a única coisa em que podemos nos agarrar para não cairmos vítima da mentira, quando a vida nos mostra algo daquilo que Jó, o servo de Deus, vislumbrou na chuva da dor e na tempestade das palavras do Senhor.

12

Eu sei que meu *goel* vive

"A única desculpa que Deus tem é que ele não existe", escreveu Stendhal. Talvez alguns ateus sejam semelhantemente bondosos com Deus, querendo desculpá-lo e aliviá-lo da responsabilidade pelo mal no mundo – como o tentaram também os amigos de Jó. Mas os ateus encontraram uma solução na qual nem Jó nem seus amigos pensaram: Eles declararam a não existência de Deus. Essa solução do enigma com o qual o mal nos confronta é, porém, evidentemente simples demais para ser correta. Mesmo que, para uma pessoa crente – como vemos no exemplo de Jó e como sabem muitos de experiência própria –, seja difícil aceitar um Deus que "consiga conviver com campos de concentração, esquizofrenia e Aids", o cenário sombrio da tragédia humana não se torna mais claro se tirarmos Deus da equação. Tampouco se torna mais simples cumprir com sua obrigação de persistir nesse jogo, de resistir e não desertar.

Falando nisso, não é tão simples se livrar de Deus. Nietzsche já sabia disso quando escreveu sobre a "sombra sobrevivente do Deus morto", e também os psicanalistas desde Jung até Lacan tiveram que se convencer disso. Assim, os esforços de dois regimes totalitários do século XX de se livrar definitivamente da religião judaico--cristã e de sua moral por meio de uma *"solução final"* não foram bem-sucedidos. Sua tentativa de livrar a humanidade de todas as formas da "sombra de Deus" – sobretudo se livrar da consciência, dessa "invenção judaica" e de toda a cultura cristão-humanista do Ocidente, para assim extinguir esses obstáculos nas vias expressas da marcha de vitória em direção a uma "nova manhã", de aniquilá-los juntamente com seus portadores, o judaísmo e as Igrejas cristãs – não foi bem-sucedida, a despeito de todos os esforços.

Se a *prova ontológica de Deus* de Santo Anselmo a partir do conceito de Deus conseguiu fazer algo, certamente não foi provar de maneira convincente a existência "real" de Deus, mas a demonstração lógica de que *não podemos pensar Deus como não existente*. Visto que o ser pertence essencialmente ao conceito do ser perfeito, um "Deus não existente" é uma contradição, ele não é Deus, mas um ídolo. "Deus é aquilo acima do qual se pode pensar nada maior", afirma Anselmo. E se acatarmos essa definição, a consequência será que tudo que tentarmos colocar "acima de Deus" ou "no lugar de Deus" *passa a ser Deus para nós* – mas um Deus que podemos subordinar a algo ou que podemos substituir por algo ou poderíamos negar ou "matar", não é um Deus verdadeiro, mas um ídolo.

São Boaventura expressou isso na sentença genial: Se Deus é Deus, Deus é. (Pois aquilo que "não é" não pode ser Deus.) Quando refletimos sobre Deus, nós nos equilibramos como que numa corda bamba, com um abismo abaixo de nós: "Aquilo que você pode negar não é Deus" (Boaventura) e "Se você consegue compreender algo, aquilo não é Deus" (Agostinho). Sobre essa corda muito fina, como que no gume de uma faca, apenas uma fé apoiada pela esperança e pelo amor consegue se equilibrar, apenas uma fé que é sustentada pela graça. Alguns teólogos objetariam aqui que o próprio Deus vai ao encontro dessa fé por meio de sua revelação, por meio de sua palavra, por meio de sua disposição de se revelar, no que consiste a maior "dádiva da graça" para a fé. Isso certamente é correto, mas, visto que vivemos neste mundo, permanece um abismo enorme entre a profundeza da autorrevelação de Deus e a nossa capacidade de compreendê-la: a palavra de Paulo segundo a qual só podemos reconhecer Deus parcialmente aqui na terra, como que num espelho, em enigmas, vale não só para o conhecimento "natural" de Deus em sua criação, mas também para a compreensão de suas palavras e de seus atos na história da salvação.

Mas voltemos para Anselmo: A objeção principal à prova ontológica de Deus afirma que, na verdade, Anselmo teria demonstrado apenas que *Deus só existe necessariamente se Ele existe* (ao contrário de todos os entes individuais que, *qua definitione*, existem aleatoriamente, o que significa que eles podem também não ser). E os críticos acrescentam ainda que esse *se* é acessível apenas àquele que crê, mas não com uma prova racional (em outras palavras: A fé em Deus não pode ser demonstrada nem refutada no sentido estritamente lógico e racional). Creio que a próxima discussão será sobre o modo em que "aquilo acima do qual nada maior pode ser pensado" *"é"* (não sobre *"o que é"*); pois "aquilo" acima do não nada maior pode ser pensado *não pode ser...*

Não nos livraremos de Deus por meio da "eliminação" ateísta – mas é possível que essa eliminação lhe abra um espaço. Talvez isso lhe abra o caminho (ou o nosso caminho até ele), talvez as ervas e o mato das nossas fantasias religiosas e projeções humanas, que crescem em nosso caminho, sejam cortadas e arrancadas.

Em muitos dos meus livros, tentei demonstrar como um ateísmo crítico pode ser de grande utilidade para o cristianismo, contanto que ele não se eleve ao *status* de uma "religião substituta" (o que é uma tentação grande e constante): Ele pode purificar o espaço para a fé verdadeira. A fé como eu a entendo no espírito dos profetas bíblicos e dos grandes místicos e teólogos do cristianismo (mas também do judaísmo e do islã) não é e não pode ser um "teísmo" nem qualquer outro "ismo", porque assim ele se transformaria em seu oposto, em ideologia e idolatria pagã. A luta contra a idolatria é uma luta contra a confusão do símbolo com aquilo ao qual o símbolo remete. Hoje em dia, o perigo de confundir e adorar como um deus um produto de nossas mãos não é mais tão grande – prática esta da qual os profetas bíblicos zombavam –, mas existe o perigo de deificar os produtos da nossa razão e da nossa imaginação – e quero acrescentar aqui que encontramos essa versão esperta do "paganismo" em diversas figuras históricas do cristianismo, também na teologia acadêmica. Contanto que o ateísmo combata o "teísmo" (uma fé degenerada e transformada em ideologia, em "sistema"), nós como cristãos e teólogos cristãos (ou judeus e muçulmanos) podemos concordar explicitamente com ele[42].

Deus – um aliado e uma garantia do poder político; um Deus que espalha medo e legitima violência contra inocentes? Deus – um diretor do mundo e da história que não dá espaço para a liberdade humana e que retira toda responsabilidade e que, invejoso, obstrui a liberdade e racionalidade do ser humano? Esse tipo de Deus realmente não existe! *Esse tipo* de Deus pode e deve necessariamente ser negado, pois "acima" deste podemos e precisamos pensar algo "maior".

E caso nós mesmos não consigamos dizer isso com toda clareza e antes que seja tarde, quando essas caricaturas heréticas de Deus se infiltrarem em nossa teologia, em nossa espiritualidade e em nossa prática eclesiástica, devemos ser gratos pelos ateus por fazerem o nosso trabalho em nosso lugar! Mesmo que o mundo fique "sem Deus" por causa deles – sem Deus no sentido de estar livre dessas deidades terríveis criadas pelas projeções dos medos e dos desejos humanos – este mundo certamente estará mais próximo do Deus do qual fala o Evangelho. O próprio Jesus *oculta* – segundo o espírito do mandamento de não usar o nome de Deus em vão – o conceito "Deus" consequentemente (nas siglas e nas metáforas de suas parábolas – do rei, do semeador, do bom pastor, do pai misericordioso que abraça o filho pródigo). Nem todo "silêncio sobre Deus" é expressão de ingratidão, indiferença e ignorância!

---

42. No século XX foi principalmente Paul Tillich que – no espírito do Mestre Eckhart – lembrou com insistência que o Deus da fé cristã é um "Deus acima do deus do teísmo".

"O mundo adulto tem menos Deus, e justamente por isso esteja mais próximo do Deus do que o mundo imaturo", escreveu o grande teólogo do século XX Dietrich Bonhoeffer em suas famosas cartas escritas na prisão nazista antes de sua execução. Sim, o mundo pré-cristão e extracristão "cheio de deuses e demônios" realmente era fechado e hostil em relação a Deus; por isso, a fé dos cristãos, dos judeus e dos muçulmanos sempre considerava sua obrigação máxima proclamar que *o mundo não é Deus* e que é necessário expulsar todos os ídolos e demônios do mundo.

A crítica da religião, a secularização e determinado tipo do ateísmo foram sucessores legítimos (e podem, ainda hoje, ser aliados preciosos) de uma fé radical em Deus, que, neste mundo, não tem onde deitar sua cabeça. Nesse sentido, o Deus transcendente e o mundo secular são mutuamente complementares. O cristianismo, porém, mostra – ao contrário do judaísmo e do islã – que, mesmo assim, existe um ponto fundamental de interpenetração, da ligação entre Deus e o mundo – a humanidade de Jesus de Nazaré, do Filho do homem e do Filho de Deus (e, em conexão com ele, a existência humana de cada ser humano, a "natureza humana").

Mas será que o "mundo adulto", que atravessou o purgatório do ateísmo, conseguiu preservar esse "estado sem Deus" no sentido da liberdade da escravidão aos ídolos, no qual Bonhoeffer reconheceu a esperança para a abertura para Deus?

O ateísmo clássico do Iluminismo em seu auge do século XX despareceu de forma relativamente rápida. Em alguns casos, ele se transformou em uma religião substituta, que, com seu fanatismo e sua crueldade (p. ex., na forma do nacional-socialismo ou do comunismo), acumulou pirâmides enormes de vítimas sangrentas com uma rapidez surpreendente e assim conseguiu superar crimes do passado cometidos na história europeia por aqueles que haviam abusado dos símbolos e das instituições das religiões tradicionais. Na maioria das vezes, o antigo ateísmo militante foi substituído por um "agnosticismo"; algumas de suas formas nobres podem ser aliados sólidos para os defensores de uma "teologia negativa", que se calam em respeito diante da grandeza impenetrável do mistério divino, enquanto outras formas parecem ser mais a expressão de um desinteresse desdenhoso por tudo que tenha a ver com religião "e questões semelhantes".

Em muitos casos, porém, aconteceu aquilo que Chesterton tinha previsto: O maior perigo para aqueles que deixam de acreditar em Deus não é que eles passem a crer em nada, mas que estão dispostos a crer *em qualquer coisa*. O mundo de hoje está longe de ser um mundo "sem Deus" – eu já mencionei que no mercado global (muitas vezes, até nas mesmas lojas que vendem drogas, armas políticas ou entretenimento popular) o que mais se vende é "religião". Se falarmos do "retorno global da religião", precisamos também dizer claramente que muito daquilo que é subsumido a esse termo vago não é motivo de júbilo para aquele que leva a sério a sua fé no Deus bíblico. Já no início deste livro expressei meu ceticismo profundo em relação à tese de um "retorno da religião". Afirmar sobre o Deus em que cremos que Ele estaria retornando é, no fundo, já uma blasfêmia ingênua – pois *somos nós que precisamos retornar para Ele*.

O nosso mundo atual está cheio de uma forma irritante de religião, de uma religião "externa", enquanto Deus, como sabemos desde Agostinho, está sempre *do lado de dentro*. Para impedir equívocos, quero acrescentar aqui outro pensamento: Não estou imaginando um retorno pietista ou gnóstico para o "templo no coração", onde podemos, de certa forma, como que num refúgio do mundo mal, adorar o nosso próprio "eu superior" (esse tipo de narcisismo espiritual pode até encontrar muitos compradores no mercado do esoterismo, mas ele nada tem em comum com a fé cristã).

Jacques Lacan (um adversário determinado da religião) falou com grande insistência de uma forma notável de religiosidade externa – da religião inconsciente dos ateus. Segundo Lacan, a fórmula verdadeira do ateísmo não é "Deus está morto", mas "Deus é inconsciente"[43], o que, segundo ele, torna o problema do ateísmo mais complicado e mais complexo. Para que uma pessoa possa se chamar de "ateu", não basta, portanto, afirmar que "ela não acredita (em Deus)", pois o lugar de sua fé não é o consciente, mas o inconsciente. "Isso significa: 'Mesmo que eu tente negar a existência de Deus, em algum lugar lá dentro de mim eu continuo a acreditar nele'. O inconsciente não está em 'algum lugar nas minhas profundezas', mas lá fora, nas minhas ações, em meus rituais e em minhas interações. Ou seja: Mesmo que eu não acredite subjetivamente, eu creio 'objetivamente' por meio dos meus atos e rituais simbólicos. Isso significa também que a religião está profundamente arraigada na natureza humana mais do que imaginamos"[44].

A psicanálise nos ensina que existem manifestações de nosso consciente justamente em nosso comportamento externo (como mostra a famosa análise de Freud da semelhança entre os rituais de um neurótico obsessivo e rituais religiosos, na qual ele fundamentou a sua teoria da religião como uma "neurose coletiva"). Devo acrescentar que a observação de Lacan acima citada aumentou muito o meu interesse por essa "fenomenologia do ateísmo", ou seja, pelas manifestações inconscientes ou implícitas de religiosidade em pessoas que não se veem como pessoas religiosas em qualquer sentido. É possível que também Nietzsche, se ele tivesse vivido um século mais tarde, também teria, com a visão de um psicanalista, ampliado sua ampla gama de fenômenos da "sombra do Deus morto": Nietzsche reconheceu já no humanismo moderno, na ciência, na democracia, até mesmo na gramática da nossa língua um "resquício de Deus" (ou seja, a precondição para a existência de uma ordem de valores sólida e inabalável, o fundamento para verdade e moral)...

---

43. LACAN, J. *Die vier Grundbegriffe der Psychoanalyse*. Olten/Friburgo i. Br., 1978, p. 65 [Das Seminar von Jacques Lacan XI, 1964, cap. V].
44. LACAN. XI Seminar, 1963-1964. Apud ŽIŽEK, S. & MILBANK, J. *The Monstrosity of Christ* – Paradox or Dialectic? Cambridge, 2009, p. 297.

Certamente podemos esperar de uma meditação teológica sobre a esperança que, em algum momento, ela faça a transição da ideia do "Deus morto" e de sua sombra para o "Deus vivo". Mas onde podemos encontrá-lo, se não pudermos ignorar muitas das análises de Nietzsche e de outros críticos da religião e, ao mesmo tempo, não confiarmos no produto que, sob o chavão do "retorno da religião", é vendido nas feiras da atualidade (e que hoje, como já mencionei, já é oferecido por vendedores assíduos no templo da Igreja Católica)? Onde fica aquele "interior" no qual podemos encontrar Deus, se a "superfície" é habitada por ídolos e quando o "além" é percebido apenas como uma promessa falsa?

Lembro aqui mais uma vez os versículos mais misteriosos do Livro de Jó, a exclamação de Jó em seu conflito com o Senhor: "Eu sei que meu Defensor vive e aparecerá, finalmente, sobre o pó; e depois que minha pele foi assim lacerada, já sem a minha carne, verei a Deus; eu, sim, verei aquele que está a meu favor; meus olhos contemplarão quem não é um adversário. Minhas entranhas se consomem dentro de mim" (Jó 19,25-27). (Outra interpretação dessa passagem traduz: "Aquele que meus olhos contemplarão não será um estranho.) Sim, esta é a confissão também da minha fé; sim, este é objeto também da minha esperança.

O *goel* de Jó (Bloch prefere traduzir esse termo como "vingador de sangue" no lugar do termo comum "redentor"[45]) é um aliado contra o Deus incompreensivelmente duro; mesmo assim, ele é também "divino", sem ser um "segundo Deus" ou um antideus. É "Deus contra Deus". Lembramo-nos aqui imediatamente da dialética de Lutero entre o Deus oculto e o Deus revelado – um Deus que

---

45. A tradução mais exata seria, provavelmente, "salvador". Se optarmos pela expressão "redentor", devemos estar cientes de seu contexto jurídico no sentido "daquele que paga o resgate", e não projetar sobre o texto a compreensão cristã do "Redentor".

se revela apenas sob seu oposto (*sub contrario*), nos paradoxos, no terrível paradoxo da cruz – e o apelo de Lutero de "fugir de Deus para Deus".

Parece que Jung estava certo ao afirmar que, no Livro de Jó, Deus é revelado como paradoxo dos paradoxos, como *unidade dos opostos*, que – para usar as palavras de Nietzsche – está "além do bem e do mal" e que sempre abarca luz e escuridão, uma unidade que não conseguimos vislumbrar como um todo. Talvez Jó tenha *aprendido* isso justamente naquela tempestade da autoapresentação (e da defesa própria) do Senhor, após a qual ele pôde confessar que ele finalmente tinha visto Deus de perto, de face a face.

Como já dissemos, Deus não ofereceu uma "explicação suficiente" como resposta à queixa de Jó, mas *arrastou Jó para as profundezas do mistério*. Mas com isso Jó entrou num espaço que (ainda) não se abriu para nós. Não vimos Deus de face a face e nem sabemos o que essas palavras significam – e caso achássemos que conhecemos seu significado, isso seria a prova de que realmente não o conhecemos; lembremo-nos das palavras de Agostinho: "*Si comprehendis, non est Deus*"[46]. "Ninguém jamais viu a Deus", lemos no prólogo ao Evangelho de São João. O mesmo Evangelho, porém, afirma que podemos ver Deus se olharmos para Jesus ("Quem me vê, vê o Pai", diz Jesus). Professamos que este mesmo Cristo "ressuscitou dentre os mortos e está sentado à direita do Pai". Assim ele se antecipou a nós e está agora no "futuro absoluto" – mas *nós continuamos na terra*, na posição dos discípulos que não entendiam o que significava ressurgir dentre os mortos (cf. Mc 9,10; Lc 18,34 et al.), e caso acreditássemos saber o que isso significa, que já o compreendemos totalmente, isso seria apenas uma prova de que, na verdade, não entendemos nada.

Em sua resposta ao clamor de Jó, o Senhor fez algo que nós ainda não entendemos, do qual não temos experiência própria. E também

---

46. Em tradução livre: Se você acredita ter compreendido algo, aquilo não é Deus.

a resposta de Deus ao grito de Jesus na cruz: "Meu Deus, por que me abandonaste?" – aquela resposta que chamamos "ressurreição" – é igualmente um tatear cego na luz irradiante do mistério[47].

Nem a história de Jó nem a história de Jesus terminam como um drama, que, após sua apresentação no teatro, nos permite voltar para casa aliviados porque, mais uma vez, tudo se resolveu – Cristo ressurgiu dentre os mortos e Jó foi curado, de modo que ele pôde ter lindas filhas e mais camelos do que antes – porque entendemos tudo, pudemos bater palmas e agora podemos voltar nossa atenção para outra coisa. Pelo contrário: Apenas se resistirmos à tentação de compreender o final da história da Paixão e também o final do Livro de Jó como um final feliz tranquilizante e barato, vivenciamos (talvez) que a história continuará – em nós.

"Ouvistes a respeito da paciência de Jó, e conheceis o desfecho final que lhe deu o Senhor", escreverá o autor da Epístola de Tiago (Tg 5,11). Devemos resistir de extrair rápido demais a mensagem da esperança (*eu-angelion*, as boas-novas) dos textos bíblicos! Talvez devêssemos persistir pacientemente na meditação sobre esses textos e nos contentar com o fato de que alcançaremos a compreensão plena apenas na escola de Deus, onde seremos instruídos de "face a face", ou seja, apenas quando alcançarmos aquela última meta da nossa esperança.

Mas talvez nós mesmos tenhamos tomado um passo apressado: o passo da Bíblia hebraica (o "Antigo Testamento") para os evangelhos cristãos (o "Novo Testamento"). Será que o "goel", o *redentor* desses versículos misteriosos do Livro de Jó, realmente se refere a Jesus Cristo?

---

47. Segundo alguns comentários, Jesus cita aqui o início do Sl 22, que termina com uma expressão de esperança.

Toda a tradição dos dois milênios da interpretação cristã da Bíblia hebraica nos sugere uma resposta positiva a essa pergunta, como o faz também a interpretação musical genial desses versículos na incomparável ária pascal no Messias de Händel. Isso nos influencia tanto que, assim que lemos sobre um redentor, já entoamos o Aleluia pascal.

As muitas conversas com meus amigos judeus ao longo de todos esses anos e o estudo dos textos judaicos, inclusive os comentários rabínicos sobre o Livro de Jó, me levaram a avançar com cautela nessa questão. Hoje, a maioria dos teólogos e exegetas cristãos das Escrituras Sagradas afirma ser necessário estudar primeiramente como o texto da Bíblia hebraica "entende a si mesmo" e que o respeito exige ouvir primeiro o que os estudiosos do povo eleito encontraram nesse texto; ouvir o povo ao qual esse livro, que, mais tarde, os cristãos transformaram no "Antigo Testamento", foi dado primeiramente. Mais tarde, os cristãos, na base de motivos do "Novo Testamento", contribuíram outras interpretações secundárias para a reflexão sobre os textos bíblicos. Mas também as exegeses rabínicas dão testemunho de uma história de reinterpretações constantes (e muitas vezes fantasticamente criativas e criativamente fantásticas) dos textos bíblicos.

A antiga religião israelita queimou, de certo modo, nas ruínas do Templo de Jerusalém, que foi destruído pelos romanos no ano 70 d.C., mas ela ressurgiu das cinzas de modo admirável na forma do judaísmo rabínico. Em muitos pontos, o judaísmo rabínico teve que reinterpretar radicalmente toda a religião judaica e muitos dos textos bíblicos (para que, p. ex., os judeus piedosos pudessem trocar o altar do templo destruído pela mesa da família judaica – e a religião ritualizada dos sacrifícios no templo pela religião da oração, do estudo e da observância dos *mitzwot*, das leis). É interessante que, quase ao mesmo tempo, nasceu das ruínas do antigo judaísmo (e também da decisão de compreender a cruz de Jesus não como um fracasso) o cristianismo. Este também desenvolve sua própria hermenêutica, sua própria interpretação nova da Bíblia hebraica – ele procura e encontra nela afirmações que apontam para aquele no qual os cristãos reconheceram o Messias dos judeus e, logo em seguida (graças sobretudo a Paulo), também o Salvador de todas as nações.

O judaísmo foi incinerado mais uma vez 2.000 mil anos depois nos crematórios do holocausto, mas logo nasce desse novo "resto de Israel" uma nova teologia e filosofia hebraica – e, paralelamente, como me parece, também uma nova teologia e espiritualidade do cristianismo. Ambas as vertentes precisam, como mostra a busca teológico-filosófica judaica e cristã por um "Deus após Auschwitz"[48], parar de caminhar separadamente, como tem sido o caso nos últimos dois milênios – mas não sem exceções notáveis! Certamente não foi um acaso que a Igreja Católica ultrapassou o limiar para o terceiro milênio com um papa que ressaltou a fraternidade entre cristãos e judeus mais do que todos os sucessores de Pedro juntos; talvez possamos, também por causa disso, compreender esse tempo com todos os seus traços trágicos como "limiar da esperança". Ainda, porém, precisamos fazer muito para que esse sinal da esperança possa criar raízes e produzir frutos!

Depois de tudo que foi dito acima, posso confessar que as palavras esperançosas de Jó sobre o Redentor que aparecerá sobre o pó me permitem vislumbrar o Deus que *estará comigo* aqui, que elas me ajudam a encontrar palavras e compreender de forma mais profunda minha esperança em Cristo: no homem Jesus, que eu percebo e aceito como *Emanuel* – o Deus conosco e *para nós*.

Eu creio que Jesus, meu *goel*, vive – mesmo que esteja sempre ciente e tenha que admitir que aqui e agora, nesta terra e nesta vida,

---

48. Conhecedores do judaísmo moderno afirmam, porém, que a "teologia após Auschwitz" se propagou muito mais entre os cristãos do que entre os judeus e que os pensadores judeus que se ocupam com esse tema são aceitos mais no ambiente cristão do que na esfera judaica.

eu não consiga compreender como e onde Ele vive. *Eu não sei* o que significa o fato de que "Ele vive com o Pai", mas eu tenho a *esperança* de que, de alguma forma, isso seja análogo a como Ele vive agora conosco nesta vida e nesta terra. (Talvez seja até a mesma coisa. Não valeria mais *para Ele* aquilo que é justamente o nosso objeto da esperança – "assim no céu como na terra"?)

Como Ele mesmo profetizou, como a Igreja me ensinou e como eu mesmo pude vivenciar muitas vezes de forma intensa, Ele vive onde dois ou três estão reunidos em seu nome. Ele vive na proclamação e nas celebrações de sua Igreja, nas Escrituras e nos sacramentos. E Ele acompanha também aqueles que, como os discípulos no caminho para Emaús, enfrentam perguntas sérias e dolorosas, que falam da esperança já no tempo verbal do pretérito ("Mas nós esperávamos..."); Ele lhes explica a Escritura e inflama seus corações, Ele não se recusa a entrar em suas casas quando a noite cai – mas, muitas vezes, Ele também desaparece repentinamente, como em Emaús, quando Ele sente que eles o reconheceram (cf. Lc 24,13-35). Às vezes, Ele nos permite vivenciar a alegria e a luz do entendimento, como os apóstolos no Monte Tabor, mas Ele não permite que nos acomodemos permanentemente nessa luz, que construamos ali as três cabanas; parece até que Ele eleva para a intimidade e o êxtase da luz brilhante no monte justamente aqueles que Ele enviará de volta para o vale da escuridão e para o medo do Getsêmani.

Certamente existem muitas experiências da fé e da vida da fé em que a nossa vida é penetrada por algo daquele "estar com o Pai" – como "um raio que passa pela fenda por baixo da porta trancada". Esta é a minha esperança: que algum dia esta porta se abrirá completamente para nós.

13
O feixe de luz por baixo da porta trancada

Voltemos mais uma vez para aquilo que aprendemos com a análise do Livro de Jó. Não existe uma resposta simples e inequívoca, por mais piedosa que seja, ao mistério do sofrimento. A tensão entre a bondade e o poder de Deus e a experiência da impotência humana não pode ser resolvida nem com teorias engenhosas em "defesa de Deus", nem com a "eliminação de Deus", nem com a atribuição da responsabilidade ao ser humano; ela é um paradoxo com o qual precisamos aprender a viver, e a fé é – para usar as palavras de Kierkegaard – um salto corajoso para o centro desse paradoxo e não uma explicação simples para todos esses enigmas.

Como foi dito tão apropriadamente, a teologia deveria ser mais semelhante a Maria sentada aos pés do senhor do que a Dalila, que conseguiu convencer Sansão a revelar o seu segredo. Brigar e lutar com Deus é possível dentro do mundo da fé, e, talvez, justamente ali. Pudemos constatar isso durante a leitura do Livro de Jó, mas também de outras passagens bíblicas. Se, em vista do mal, formos abalados por dúvidas e revolta, nenhuma teoria criativa poderá nos ajudar; mas o Deus vivo pode ser um parceiro para esse tipo de perguntas. Deuses alternativos são inconfiáveis, fúteis; e a negação de Deus também não nos ajuda. Já mencionamos várias vezes que um ateu que usa o seu ateísmo para protestar contra a injustiça e contra o mal no mundo nega seu ateísmo justamente por meio desse protesto: pois ele apela a uma ordem sensata e boa das coisas (ou seja, àquilo que, tradicionalmente, é designado com a palavra Deus, mesmo que ele dê um nome completamente diferente a isso). Caso o dogma fundamental da fé ateísta realmente valesse e realmente não existisse uma ordem sensata no universo, poderíamos apenas tomar conhecimento de tudo. Qualquer protesto seria absurdo e em vão. Todos os protestos passionais contra o mal no nosso mundo são, no fundo, uma forma significativa de uma confissão de fé, de um clamor a Deus, mesmo que, muitas vezes, a um "Deus desconhecido". Mas vale aqui o que já tentei mostrar em outros livros: "Deuses conhecidos" não são, na verdade, deuses. Deus é um mistério, não um "mistério qualquer", mas o mistério central da realidade.

A fala do Senhor no final do Livro de Jó mostra, a despeito de todo seu caráter enigmático, uma coisa com toda nitidez: Deus não se encontra na sala da diretoria da criação, de onde Ele observa *de longe* o drama da vida, da natureza e da história; não, Ele se encontra *no meio* desse drama, "Ele fala do meio da tempestade". E, por isso, Ele está próximo, porque nós também não conseguimos fugir das tempestades da vida, mesmo que o tentemos recorrendo aos mais diversos truques (também religiosos). E, sobretudo, não nos é dada a possibilidade de escalar a ponte do navio da vida e, de lá, ver e "avaliar tudo objetivamente" como um capitão.

À pergunta do Livro de Jó, se a chuva tem um pai, não podemos simplesmente responder que "Deus é o pai da chuva". O Criador bíblico está em sua criação: Deus tanto é quanto está na chuva, Ele está também naquelas paisagens em que a chuva cai, mesmo que ninguém as povoe. Deus não é um guarda-chuva, que nos protege da chuva do sofrimento, e muitas vezes Ele nem nos oferece proteção; mas quando precisamos atravessar uma pancada de chuva da dor, Ele está do nosso lado, mesmo que não o consigamos ver por causa da tempestade.

A fé bíblica em Deus não é um panteísmo: Deus não é natureza, como acreditava Spinoza; Deus também não é a história, e a história não é Deus, como deduziram muitos hegelianos; mas Deus está na natureza e na história, e a natureza e a história estão nele.

Deus não se encontra na superfície da terra, tampouco se encontra no além, que tanto enojava Nietzsche (com todo direito, contanto

144

que tenha visto nele apenas uma fuga covarde da responsabilidade pelo mundo). Deus também não está no céu, que Heine sugeriu reservar para "os anjos e os pardais". E quando digo que Ele está *no interior*, não estou pensando no templo pietista, como já expliquei.

Deus é a *profundeza da realidade*; concordo com Tillich que disse que aquele que "sabe da profundeza, sabe também de Deus". Nesse caso, profundeza não é oposto de altura, mas o oposto de superficialidade. Quando vencemos em nossa vida e na compreensão do mundo a tentação da superficialidade, nós nos encontramos no caminho que leva à morada da luz (cf. Jó 38,19).

Esse caminho da superfície para a profundeza não é, porém, uma trilha elitista da "sabedoria" esotérica, que a gnose antiga e contemporânea oferece; o guia nesse caminho não é o conhecimento (*gnosis*) dos "iluminados", mas o anseio e a sede, que são articulados na oração.

A oração é uma possibilidade de viver. Podemos rezar ou podemos esquecer a oração. Podemos decidir, escreve num contexto semelhante o Rabino Lawrence Kushner, "que nos conscientizemos daquele som quase inaudível que produzimos quando esvaziamos nossos pulmões e depois os enchemos novamente com ar, esse som graças ao qual vivemos. Ou podemos ignorá-lo ou considerá-lo algo natural. A única coisa que perdemos nesse caso é a conscientização do nosso *self*, da sensação de estarmos vivos"[49]. Quando a *conscientização da vida* estiver ligada não só à maravilha, mas também à gratidão, quando ela me ensina a aceitar a vida com um presente, isso já é oração.

Se eu não meditasse, não rezasse, se eu nada soubesse de Deus, a minha vida talvez nem seria tão diferente, eu não seria necessariamente uma pessoa pior ou menos feliz. Para que uma pessoa seja

---

49. KUSHNER, L. *Na tomto místě byl Buh a Já, já jsem to nevedel*. Praga, 2005, p. 128s.

uma pessoa correta e educada, ela não precisa ser religiosa. Mas o que eu perderia seria aquela conscientização e vivência de que a vida não é algo natural, algo dado, mas um presente, que ela não é um "monólogo", mas *um diálogo*. Sim, é justamente na oração que a vida se torna explicitamente um diálogo. E uma vida que é *vivenciada como diálogo*, como interação entre ouvir e responder, se transforma em oração.

A oração não é um meio para alcançar quaisquer metas ou bens (sejam eles materiais ou espirituais), pois nesse caso ela seria magia, ou seja, o contrário de uma oração. A oração como ato específico da vida adquire sua veracidade apenas no contexto de uma vida que é vivida como diálogo, mas no momento da oração esse contexto não é apenas presenciado, lembrado e articulado conscientemente, mas ao mesmo tempo criado, moldado e formado.

Certamente podemos expressar e apresentar na oração os nossos desejos, nossos pedidos, nossos anseios, nossas preocupações e nossos temores (é provável que todos que rezam já fizeram isso uma vez ou outra), e certamente esses desejos e essas petições foram respondidos em muitos casos; mas este é apenas um "nível inferior" da oração que não deveria ocultar seu caráter verdadeiro. Pois a oração é, em sua essência, um *ato da esperança*, uma expressão de esperança. Não estamos falando aqui da "pequena esperança" no sentido de uma expectativa da realização dos nossos desejos concretos e individuais (nesse caso, o que se propagaria em nós seria a caricatura da esperança, o "otimismo"). *A esperança verdadeira visa a algo que ela mesma não entende*, a uma realidade tão grande que ela nem é capaz de designá-la. Por isso, Paulo escreve sobre a oração cristã: "Não sabemos pedir o que nos convém". E ele acrescenta: O próprio Espírito nos ajuda com gemidos que não podemos descrever. Sim: Quando a esperança reza, ela reza com um gemido que não podemos descrever (cf. Rm 8,26).

Paulo afirma que em nós e por meio de nós "toda a criação" suspira a Deus. (Muitas vezes, os turistas do Ocidente não conseguem suprimir um sorriso irônico quando visitam países asiáticos e veem como pessoas religiosas – muito provavelmente "budistas" ou "hindus", se é que esses rótulos fazem qualquer sentido – entram no templo e, com um toque leve, giram os moinhos de oração: O que esse mecanismo tem a ver com uma oração ou com piedade? Mas o meu sorriso congelou em meu rosto quando me perguntei se esse gesto não é simplesmente uma expressão da confiança de que a oração já está presente, que *todo o ser respira com a oração* e que o ser humano só precisa entrar em "sintonia" com essa melodia silenciosa para se abrir para a "brisa silenciosa" que ele mesmo não pode gerar nem influenciar. O silêncio da meditação pode ser um espaço onde podemos ouvir aquele sussurro inefável de toda a criação. O silêncio pode ser essa verbalização, a expressão do indizível.)

"Com efeito, o mundo criado aguarda ansiosamente a manifestação dos filhos de Deus. De fato, as criaturas estão sujeitas a caducar, não voluntariamente, mas pela vontade daquele que as sujeitou, na esperança de serem também elas libertadas do cativeiro da corrupção para participarem da liberdade gloriosa dos filhos de Deus" (Rm 8,19-21). Nesse contexto, Paulo escreve a sentença mais profunda da teologia neotestamentária da esperança: Pela esperança somos salvos. E ele acrescenta: "Mas a esperança que se vê já não é esperança. Como pode alguém esperar o que já vê? Se esperamos o que não vemos, é com perseverança que esperamos" (Rm 8,24s.).

A oração é a escola da esperança[50], a escola de uma vigília paciente, a escola da espera, a escola de uma persistência infinita no anseio. E é justamente a *infinitude* da persistência que diferencia a esperança, essa "virtude divina", daquele querer humano, demasiadamente humano, do "otimismo" e das ilusões. Estes visam ao "finito" – a esperança verdadeira, porém, transcende o horizonte das metas finitas "deste mundo" e se orienta pelo extremo, pelo último.

---

50. Bento XVI dedicou à oração como escola da esperança vários capítulos em sua Encíclica *Spe salvi*, cap. 32-34.

A esperança cristã é uma esperança escatológica. Isso não significa que ela não é solidária com as necessidades e os anseios dos filhos e das filhas do mundo (que somos todos nós, pois nem mesma a eleição por Jesus retira as pessoas "do mundo" (cf. Jo 17,15). Isso não significa que a esperança é uma fuga da responsabilidade pelo mundo, uma "fuga para o além". Tampouco significa que ela é apenas uma extensão das esperanças terrenas (tampouco quanto a eternidade é uma extensão do tempo).

Um aspecto do fracasso trágico da proclamação da esperança cristã – que contribuiu para que o cristianismo se tornasse suspeito para muitas pessoas – consiste na "privatização da escatologia", na confusão da linda visão do "Jerusalém celestial", do "novo céu e da nova terra", daquele banquete da criação aperfeiçoada, onde fluirá um vinho forte e novo e onde não haverá "templo"[51], com a promessa de uma alimentação confiável da nossa "alma" particular, assim que a tampa do caixão se fechar sobre nossos corpos. Como leitor assíduo da Bíblia não consigo identificar muitas razões para acreditar que, em enterros, eu vou ao encontro do sonho de reencontrar imediatamente os nossos entes falecidos nos verdes campos da eternidade celestial, para poder esquecer a dor da separação que nos atormenta durante nosso tempo na terra, mesmo que eu deseje sinceramente que isso seja verdade. Mas não *sabemos nada* sobre essas coisas, e a Bíblia também não suspende essa nossa ignorância sobre o "como" da nossa existência após a morte. A diversidade das afirmações apocalípticas na Bíblia mostra que suas imagens nada mais são do que imagens, que não são "cenários" exatos; além disso, a maioria dessas passagens descreve o drama do fim (do fim do *mundo*, não da nossa vida individual, pois é justamente por este que a Bíblia se interessa!); raramente, uma passagem fala daquilo que virá depois desse fim. Mas o que é evidente nesses textos é a mensagem da esperança, que Deus transformará esse fim num começo radicalmente novo (não haverá repetição, nenhum retorno do

---

51. Cf. Ap 21,22: Apenas aqui ocorre o "fim da religião", que já foi anunciado tantas vezes!

eternamente mesmo). A vigília impaciente pela Jerusalém celestial, que, para muitos ouvintes de Jesus e para alguns dos cristãos das primeiras gerações (inclusive os autores dos livros do Novo Testamento) era o alfa e o ômega da fé, terminou quando os cristãos se acomodaram no Império Romano. Na época, sua função como dissidentes políticos e religiosos se encerrou (e esse caráter de dissidente estava intimamente vinculado ao caráter apocalíptico de sua esperança), e a escatologia cristã, que, até então, representava o núcleo da fé cristã, se transformou radicalmente: Até então, os cristãos apostavam implicitamente na esperança do fim próximo da terra e da segunda vinda do Senhor, mas agora essa esperança foi substituída pela preocupação de como era possível chegar ao céu (cada um por si só, de certa forma, "cada um segundo seus próprios méritos"). Assim, a Igreja se transformou de um grupo de peregrinos em uma agência de seguros, que fazia muitas sugestões de como era possível garantir seu lugar no céu.

Quando a Reforma aboliu corajosamente toda uma série desses recursos, abriu-se não só um espaço para a fé como salto corajoso no paradoxo da cruz, assim como o imaginavam Lutero e Kierkegaard, mas também para uma multidão muito maior um espaço do vazio, que provocava medo e atraía os ideólogos e utopistas da Modernidade, que prometiam preencher esse vazio com suas promessas e ofertas. Hoje, porém, poderíamos escrever sobre as feiras das esperanças modernas: "Liquidação total – preços radicalmente reduzidos!"

(Alguns proclamadores da "esperança cristã" insistem, porém, em repetir até hoje apenas as concepções dos tempos da "era constantina" do cristianismo, como se nada tivesse mudado no mundo desde então.)

No entanto, não é possível ignorar esses séculos e retornar para a euforia escatológica dos cristãos primitivos (como o fazem muitas seitas que tentam calcular a data do fim próximo do mundo). O "retorno para a pureza do Evangelho", para a simplicidade da Igreja primitiva etc. – tudo isso é e sempre foi uma ilusão ingênua. O cristianismo é e sempre foi uma religião sincretista, uma fusão de diversas características. Ela já nasceu como tal: Ela jorrou das ruínas da antiga religião israelita com suas muitas fontes, das quais a mais poderosa era a filosofia paulina original da liberdade e da universalidade (como antítese ao cristianismo judaico legalista da maioria dos primeiros apóstolos). Ao lado dela, precisamos mencionar o misticismo joanino, que via Jesus como o Verbo Eterno e definitivo (e assim permitiu sobrepor a fé à filosofia helênica do *logos*). A originalidade paulina logo foi encoberta pela corrente do pensamento metafísico grego e do pensamento latino jurídico moral; as tentativas de desenvolver o cristianismo a partir desses pensamentos (seja em Marcião, Lutero ou, em certo sentido, também em Nietzsche[52]) costumavam terminar numa ruptura dramática com o cristianismo eclesiástico tradicional.

Autores como Paul Jenkins preveem (e as estatísticas os confirmam) que, em breve, o cristianismo mudará mais uma vez de forma radical a sua aparência, quando transferir seus centros da cultura ocidental para a Ásia, a África e a América do Sul. Essa recontextualização cultural exercerá uma influência fundamental sobre a teologia e espiritualidade futura, pois a era da imitação colonial submissa acabou.

Só podemos especular (e, talvez, observar primeiros indícios) sobre a forma que a escatologia cristã adotará no futuro, que lugar ela ocupará no pensamento, na espiritualidade e na prática da vida dos cristãos do terceiro milênio e se daí partirá um novo impulso da esperança também para a nossa civilização...

Será que essa forma do cristianismo, que agora se encontra em dores de parto, oferecerá uma nova chave convincente da esperança, uma chave para a porta que nenhuma outra chave pode abrir do que a chave para aquele futuro que se abre justamente onde o "mundo" já não conta mais com um futuro? O futuro é sempre o "feixe de luz por baixo da porta trancada".

---

52. Em meu livro *Geduld mit Gott* [Paciência com Deus] (Herder, 2010), eu mostro como Nietzsche, a despeito de seu ódio contra São Paulo, se parecia muito com ele em sua abordagem ao cristianismo, razão pela qual Nietzsche poderia ser chamado um "teólogo radicalmente protestante" e "o último Marcião" do cristianismo.

A vida consiste num fluxo de provas de todo tipo; às vezes, ela aparenta ser uma prova permanente na disciplina da "esperança". O lugar em que essa prova costuma se tornar extremamente difícil é a porta da morte.

Até agora, ninguém pôde fazer experiências com a própria morte e com aquilo que acontece depois (e também aquelas descrições – tão populares hoje em dia – de experiências no "estado da morte clínica" devem ser vistas, no máximo, como descrições da antessala da morte); a morte é uma porta fechada para nós.

Na frente dela se amontoam "chaves mestras" inutilizáveis – ilusões e fantasias, mas também tentativas de minimizar a morte e de transformá-la em caricatura, de zombar dela ou de venerá-la para assim fugir do frio que costumamos sentir na proximidade da morte e que nos estremece em nosso âmago.

Também a "esperança cristã" (a esperança de muitos cristãos de muitas gerações) não conseguiu, muitas vezes, permanecer em silêncio paciente e, tolamente, cedeu à tentação da tagarelice, cometendo o mesmo erro dos amigos de Jó. Não lhes bastou a promessa de Cristo: "Eu sou a ressurreição e a vida". Ela começou a se entregar às fantasias sobre a beleza dos palácios celestiais e sobre o terror das câmaras de tortura do inferno (também pensadores de peso como Agostinho fizeram declarações terríveis, dizendo que parte da felicidade dos habitantes do céu consiste na visão dos castigos eternos dos condenados).

Como já escrevi ao longo dos últimos anos, eu suspeito de que foi justamente essa fantasia e impaciência inapropriada de muitas pessoas piedosas que contribuiu para a crise e a perda de credibilidade da esperança cristã (e da fé em geral). No momento em que as abominações, mas também as atrações da Modernidade tornaram risíveis as concepções do inferno e empalideceram as concepções do céu, as pessoas se livraram não só dessas fantasias, mas também da esperança e da confiança escatológica.

O ser humano depositou sua esperança "neste mundo". Visto, porém, que, aparentemente, não é possível libertar a esperança humana da "tendência à infinitude" e do anseio pelo absoluto, a esperança começou a orientar sua expectativa e suas exigências por objetivos neste mundo e o fez com tamanha intensidade que, necessariamente, levou à frustração. Quando o ser humano passa a exigir a qualidade do absoluto de coisas relativas e finitas, ele ou transforma esses valores relativos em algo absoluto, criando assim ídolos, ou se vê preso no ciclo vicioso de algo que está além de suas forças, de expectativas irrealistas e de decepções recorrentes.

Vejo uma saída do beco sem saída da reflexão cristã sobre as "últimas coisas" do homem e do mundo na "escatologia negativa" – análoga à "teologia negativa", que só consegue dizer sobre Deus o que Ele não é (e quando a teologia mesmo assim tenta fazer afirmações sobre aquilo que Ele é, ela precisa estar ciente de que ela se movimenta dentro do reino das metáforas, imagens, analogias, paradoxos e "jogos de palavras"). Uma escatologia negativa só poderia nos dizer o que a "eternidade" não é.

Isso não só livraria a pureza da esperança escatológica de seu peso difamador pelas projeções dos desejos e temores, mas também muitos substitutos da esperança (como as promessas de um "céu na terra" realizado com recursos terrenos, como o "progresso da ciência e tecnologia" ou a "revolução) perderiam a sua aura falsa e sedutora. Por fim, isso deixaria claro que não podemos atribuir um *status* de perfeição a nenhum estado da sociedade (ou da Igreja); em momento algum da história podemos dizer o que Mefisto disse no *Fausto* de Goethe: Demora-te! Tu és tão lindo!

O cristão permanece um *homo viator*, um peregrino, até o último sopro. A Igreja é, aqui na terra, a *communio viatorum*, uma comunidade de peregrinos – ela não deve apontar para si mesma, mas remeter àquela meta que se encontra por trás de todas as metas terrenas. Mas essa referência não pode se transformar em álibi, em uma fuga fantástica para o além, mas deve ser a fonte de força e persistência no caminho.

A fé como *viaticum*, como farnel, como alimento para a jornada é o exato oposto de um ópio entorpecente! Em cada momento que estarrecemos na peregrinação da vida e da história, seja por motivos de resignação ou desespero, ou porque ficamos fascinados com uma aparente perfeição, precisamos ouvir a mesma voz que ordenou a Elias: Levanta-te! Teu caminho ainda é longo.

Não dispomos de experiências com a própria morte, mas muitos de nós fizeram experiências com a morte de seus parentes mais próximos. Gabriel Marcel se concentrou nessa experiência em sua filosofia da esperança, e ele disse estas palavras maravilhosas: "Amar uma pessoa significa dizer-lhe: Você não morrerá". (Também a minha *esperança*, de que a morte não tira de nós para sempre os nossos entes queridos, se apoia numa afirmação maravilhosa, num versículo do Cântico dos Cânticos, que diz que o amor é tão forte quanto a morte – ou, em outras traduções: mais forte do que a morte.)

E mesmo que nos contentássemos com uma interpretação superficial das palavras de Marcel, ou seja: "Você sobreviverá na minha memória, em minhas lembranças", poderíamos ser erguidos e edificados por esse pensamento. Seria a esperança da eternidade, que faz parte da esperança cristã, apenas a garantia de que, quando a lembrança de uma pessoa se apaga nos pensamentos da última pessoa que ainda nos conheceu, essa lembrança *permanece gravada em uma memória* que não se apaga, naquela memória que chamamos de Deus?

Minha confiança em Deus como uma memória que jamais se apaga me lembra daquilo que o filósofo Robert Spaemann apresentou como uma "prova da existência de Deus a partir do *futurum exactum*"[53]. Em termos simplificados, este diz: O fato de que você

---

53. Cf. SPAEMANN, R. & SCHÖNBERGER, R. *Der letzte Gottesbeweis*. Munique, 2007.

leu estas palavras no dia de hoje é verdadeiro; ele continuará verdadeiro amanhã e muito tempo depois, até mesmo quando você já se esqueceu deste livro, e até mesmo quando você já estiver morto e quando a última pessoa que conhecia seu nome o esquecer. Não podemos dizer que algo que realmente aconteceu em algum momento deixará de ser verdadeiro em algum momento do futuro. O presente sempre permanecerá presente como o passado do presente futuro. Mas o que garante essa realidade? Não são os rastros que essa realidade deixou para trás. Pois ela continua verdadeira mesmo quando todos esses rastros forem apagados pelo vento. O fato de que o passado sempre pertence ao presente, cujo passado ele é, independentemente de ele ser lembrado ou não, pressupõe a presença de uma "consciência eterna". Não faz sentido afirmar que algo que aconteceu hoje deixará de ser verdadeiro em um futuro distante. Isso é impensável. Eventos podem ser perdoados, esquecidos, negados ou reinterpretados, mas não podem não ter acontecido. Eles podem não estar mais presentes na nossa consciência (i.e., em qualquer consciência humana), mas não podem perder a sua verdade e a sua realidade[54]. A realidade do passado, a eterna veracidade de toda verdade (não a nossa visão de um evento, mas aquilo que realmente aconteceu), pressupõe uma consciência absoluta – em outras palavras: uma "memória absoluta".

O nosso medo mais profundo da morte não é, na verdade, o nosso medo de sermos esquecidos? Como entendo o grito do "ladrão bom" que morre ao lado de Jesus: "Jesus, lembra-te de mim quando vieres como rei" (Lc 23,42). Podemos imaginar Deus – como aquele que supera a morte e como nosso futuro absoluto, como fonte extrema e ponto de fuga da nossa esperança – como memória infinita, na qual existe bastante espaço para nós e para tudo aquilo com o qual estamos ligados pelo amor verdadeiro.

---

54. Uma possível objeção a Spaemann é que isso não é uma "prova", mas um postulado. Cabe a nós escolher um de dois pontos de vista, entre a visão de que a "verdade" é apenas uma convenção humana, que perde todo seu sentido fora da esfera da consciência ou da intersubjetividade humana, e a visão de que qualquer fala sensata sobre a verdade pressupõe que a verdade transcende a esfera do subjetivo.

Mesmo que eu não possa saber nem dizer nada sobre aquilo que se encontra por trás da porta da morte e da porta da história, posso, mesmo assim, crer e confessar: Deus é o amor que me diz: Não tenha medo, criatura amada, você não morrerá. Eu o abriguei na profundeza da minha memória por todos os tempos.

E assim rezo há muito tempo com as palavras de uma poesia do sacerdote, poeta e escritor tcheco Jakub Deml, que faleceu em 1961:

> Quando estarei deitado no leito da minha morte – é isso que te peço, Mãe de Deus: Apaga tu a lâmpada vermelha do meu coração.
>
> Jesus Cristo, nossa luz eterna, imploro pela tortura amarga da tua morte, que, quando a luz do dia se apagar para mim, atravessa comigo os abismos da morte perigosa.
>
> Que teu coração, com a lua cheia, como a hóstia branca, ilumine a paisagem da minha transição deste tempo para a eternidade.

A isso só posso acrescentar uma palavra: Amém.

14
Nenhuma floresta

Na fachada de uma igreja no centro de Praga brilham as palavras douradas do hino da liturgia da Semana Santa: "Ave crux, spes unica!" Sê saudada, cruz, nossa única esperança! E em outro hino da Semana Santa, lemos: "Crux fidelis, inter omnes arbor una nobilis! Nulla talem silva profert flore, fronde, germine" – Cruz inconfundível, entre todas, única nobre árvore! Nenhuma floresta produz igual em flor, folha e fruto[55].

Já caminhei pelos pomares de muitas religiões, mas em nenhuma outra floresta encontrei uma árvore tão admirável quanto a "árvore da cruz".

No fim das contas, a esperança cristã consiste na esperança da ressurreição, e esta se apoia na fé na ressurreição de Cristo: "Se Cristo não ressuscitou, a nossa fé é vazia" e "somos as pessoas mais infelizes", escreve São Paulo (cf. 1Cor 15,14.19).

Não faço parte daqueles que não creem na ressurreição de Cristo, mas consigo entender aqueles que têm dificuldades de aceitar

---

55. Tradução segundo Franz, Süsses Holz, an süssen Nägeln tragend süsse Last. In: *Beuroner Forum Edition*, 2012, p. 111.

esse artigo da fé (e não só por causa da confusão frequente e simplicista do mistério da ressurreição com a "reanimação de um cadáver"). Entendo muito bem Simone Weil, quando ela informou a um frade as razões de tudo aquilo que a impedia de se tornar membro da Igreja por meio do batismo: "A cruz me basta. [...] A cruz tem o mesmo efeito sobre mim como a ressurreição tem sobre outros"[56].

Também para mim a *cruz* é o âmago da minha fé e da minha vida espiritual, e São Paulo, Martinho Lutero e Simone Weil me são tão próximos e preciosos por causa de sua teologia e de seu misticismo da cruz.

Sim, não hesito em incluir Simone Weil no grupo dos grandes místicos da cruz (e também naqueles para os quais a fé e a Igreja também foram uma cruz). Eu entendo por que João Paulo II designou Edith Stein (Irmã Teresa Benedita da Cruz) copadroeira da Europa, uma filósofa e religiosa de sangue judeu, vítima de Auschwitz. Mas para mim, Simone Weil, essa outra judia[57] e "filósofa da cruz", também é uma grande "padroeira" e testemunha da alma da Europa moderna e pós-moderna, dilacerada pela sede e pelo anseio de Deus e, ao mesmo tempo, pelas dúvidas sérias em relação ao cristianismo e à Igreja, uma mística da persistência diante do mistério divino e da porta da Igreja visível.

Segundo Simone Weil, Deus deseja plantar na vida de cada ser humano a semente da cruz. O amor divino "vem à sua hora. Temos o poder de recebê-lo em nós ou de rejeitá-lo. Se fecharmos nosso ouvido para ele, ele volta e volta como um mendigo, mas também como um mendigo ele desiste de voltar algum dia. Se nos abrirmos a ele voluntariamente, Deus planta uma pequena semente dentro de

---

56. Cf. WEIL, S. *Lettre à un religieux*. Paris, 1951, p. 58. Para esclarecer o contexto, cito também as orações antecedentes: "Mesmo se Hitler tivesse morrido e ressurgido dentre os mortos cinquenta vezes, eu não teria acreditado que ele é o Filho de Deus. E se os evangelhos não tivessem mencionado a ressurreição de Cristo, eu teria muito menos dificuldades de crer".

57. Mesmo que lamente sua relação incompreensível e desdenhosa com o judaísmo e a Bíblia hebraica.

nós e então vai embora. A partir desse momento, nada lhe resta fazer senão esperar – e o mesmo vale para nós. Só não devemos nos arrepender de ter dado nosso consentimento, nosso sim nupcial". Essa semente do amor cresce na forma da árvore da cruz: "Sabemos qual é a mais bela das árvores. Nenhuma floresta produz uma igual". Essa mais linda das árvores é ainda mais terrível do que uma forca. Deus plantou em nós a semente dessa árvore, e nós nem o sabíamos. Se o soubéssemos, não teríamos dado nosso consentimento imediato. Esta é a árvore que cresceu dentro de nós, cujas raízes nos penetram completamente. Apenas uma traição consegue arrancar suas raízes.

Toda essa contemplação sobre a raiz faz parte de um ensaio da autora sobre a infelicidade[58]. Simone Weil, experiente no sofrimento de todo tipo, escreve de forma sugestiva sobre a terrível força do infortúnio, que é capaz de endurecer, de "instilar-lhe um veneno da ociosidade" e assim transformá-lo em cúmplice: "Cada um que esteve infeliz por bastante tempo age como que em harmonia secreta com sua própria infelicidade. Esse consentimento impede todos os esforços que ele poderia fazer para melhorar a sua sorte; isso chega ao ponto de impedi-lo de buscar os meios de sua libertação, às vezes, ao ponto de impedi-lo até mesmo de desejar essa libertação".

Estas são palavras duras, e eu não ousaria citá-las se eu não tivesse feito essa experiência pessoalmente em minha prática clínica e pastora. Sim, um infortúnio sofrido, sobretudo quando se trata de um infortúnio grave e duradouro, pode se gravar na alma e lá causar uma destruição como um parasita, tornando a pessoa incapaz de sentir alegria e a arrastando para a infelicidade após cada libertação. Às vezes, podemos libertar uma pessoa de seu infortúnio *momentâneo*, mas apenas Deus, afirma Weil, pode libertá-la de um infortúnio *passado*. E mesmo assim esse infortúnio pode deixar feridas na pessoa: Nesse contexto, ela lembra as chagas do Cristo ressurreto.

Ela reconhece na cruz a separação mais profunda entre o Pai e o Filho. Pessoas que sofrem podem compartilhar dessa separação

---

58. WEIL, S. *L'amour de Dieu et le malheur*. Paris, 1999.

quando "aceitam a sua própria cruz". Não devemos desejar a infelicidade; isso seria perverso, pois a essência do infortúnio é que nós somos obrigados a suportá-lo contra a nossa vontade. "E quando não estivermos infelizes, só podemos nutrir o desejo de que, no caso de sofrermos um infortúnio, ele nos permita participar da cruz de Cristo." Simone Weil exige do ser humano que ele não encubra a vulnerabilidade da existência humana; que ele não só se conscientize da *possibilidade* do sofrimento, mas que ele *aceite e abrace essa possibilidade*.

Simone Weil, essa mulher que teve que sofrer tanto, descreve a oportunidade que se esconde justamente no abismo da dor física: "Por meio da dor física, a mesma verdade invade as sensações do corpo que permeia também o intelecto por meio de uma demonstração matemática e a nossa capacidade de amar por meio da beleza. Quando a infelicidade rasgou o véu do corpo, revelou-se também a Jó a beleza do mundo. A beleza do mundo se revela quando conseguimos reconhecer a necessidade como essência do universo e a obediência de um amor perfeito e sábio como essência da necessidade. O universo, do qual somos um fragmento, não possui outro ser senão o ser da obediência"[59]. Segundo Weil, nossa tarefa neste mundo consiste na "afirmação da existência do universo". "Para Deus, não basta considerar boa a sua própria criatura. Ele quer que ela mesma se considere boa."

Um infortúnio nos liberta do equívoco de que o mundo é guiado por nossa vontade. Ser uma criatura não significa necessariamente ser infeliz, mas significa estar exposto à *possibilidade* da infelicidade, pois "indestrutível é apenas aquilo que não pode ser criado". Simone Weil deduz disso que a pergunta por que Deus permite a infelicidade representa outra forma da pergunta por que Deus teria criado o mundo. "Apenas aqueles que dão preferência à percepção da verdade e da morte, recusando assim uma longa e feliz permanência nas

---

59. Para entendermos sua noção da obediência como mistério da necessidade é importante lembrar como ela compreende a beleza: como obediência da matéria.

ilusões, poderão ver Deus." A cruz está presente de maneira oculta em cada ser humano "que rejeita a mentira e o ódio em prol da verdade e do amor". Apenas pessoas desse tipo conseguem ver o anjo que traz a mensagem da ressurreição.

Quando digo que a cruz representa o centro da minha fé e da minha vida espiritual, preciso acrescentar que se trata de uma cruz que já é iluminada pela luz da ressurreição; falando nisso, também o misticismo da cruz de Simone Weil culmina numa contemplação silenciosa da ressurreição. Para mim, a cruz não é "a última palavra"; é a última palavra do mundo, que quis retirar Cristo da superfície da terra, é, em certo sentido, a última palavra de Jesus nesta vida (e a pluralidade dos evangelhos deixa em aberto se sua última palavra foi "Meu Deus, por que me abandonaste?" ou a exclamação vitoriosa em João: "Está consumado!").

Não é, porém, a última palavra de Deus sobre a história de Jesus; esta consiste justamente naquele "SIM" paterno ao testemunho de Deus que Jesus deu com sua vida, por meio de seu ensino e sua morte – e nós designamos esse "sim" com a palavra "ressurreição". Já em meus livros anteriores tenho escrito que, para mim, a ressurreição de Jesus é muito mais do que um evento isolado num passado remoto, que eu acredito na *resurrectio continua*, na ressurreição como uma ação continuada, que percorre a história e as histórias dos seres humanos na forma de um rio subterrâneo oculto e rompe a superfície sempre que uma pessoa dá testemunho do fato de que *Cristo vive*. Nessa pessoa, *acontece* a ressurreição e por meio dela a ressurreição transforma o mundo. Na vitória de Jesus sobre a morte a luz do futuro prometido invade o mundo da nossa história, do nosso presente; a fé na ressurreição não teria um poder salvador se a ressurreição fosse apenas uma expressão da nossa convicção de que esse evento realmente aconteceu em algum momento, mas apenas se a ressurreição for uma confissão e a fonte da nossa *esperança*. E mesmo que a "nossa visão" daquilo que ocorreu naquele momento e de como aquilo ocorreu sempre estivesse coberto de pontos de interrogação que não podem ser refutados, a nossa fé seria uma fé viva, contanto que bebesse da fonte da esperança e extraísse dela a determinação de, com sua ajuda[60], enfrentar também em sua própria vida o poder daquelas forças que pregaram Cristo à cruz. Os evangélicos gostam de falar da necessidade de "aceitar Cristo como seu salvador". O que isso significa? Talvez poderíamos formular isso também como convite de não deixar Jesus enterrado no túmulo do passado, mas de esperá-lo com confiança e anseio como seu próprio futuro.

Dizer SIM na própria vida ao homem Jesus e à Palavra de Deus, que fala por meio dele e por meio dele se dirige a nós, para que assim tenhamos parte "de sua ressurreição e sua vida".

᠅

Lemos em muitos livros teológicos que o objeto da esperança escatológica do cristianismo é a *parusia*, a segunda vinda de Cristo no fim dos tempos.

No final do meu livro anterior[61], que escrevi no ano passado neste mesmo lugar, insinuei um pensamento que, desde então, vem crescendo constantemente: Aquela "segunda vinda" já começa aqui e agora nos "menores dos irmãos" de Cristo e culmina no momento em que sua presença, até agora anônima nos menores de seus irmãos, se torna evidente: "Todas as vezes que fizestes isso a um desses meus irmãos menores, a *mim* o fizestes" (Mt 25,40).

Se levarmos a sério a descrição do Juízo Final no Evangelho de São Mateus (cf. Mt 25,31-46), lemos ali nítida e claramente que, na história em geral e na nossa própria biografia, Cristo vem a nós ininterruptamente na forma *dos necessitados*. O juízo é caracterizado

---

60. Em termos teológicos, a *graça*.
61. Este foi publicado em português pela Editora Vozes sob o título *Toque as feridas*.

pelo fato de que Jesus se despirá de seu anonimato e mostrará a cada pessoa onde Ele foi ao encontro dela naquelas pessoas que precisavam de proximidade, ajuda e solidariedade. E todos – assim está escrito – se surpreenderão: "Os injustos", porque o ignoraram todas as vezes, porque o procuraram durante toda a sua vida num lugar completamente diferente; "os justos", porque não o procuravam nem esperavam naqueles lugares, mas simplesmente, "sem segundas intenções religiosas", ajudaram àqueles que precisavam de ajuda. Pois o nosso Senhor é um mestre do disfarce e um especialista em surpresas e momentos chocantes – ou seja, igual ao Pai! "Quem me viu, viu o Pai" (Jo 14,9).

༄

Mencionei a esperança também no contexto dos apóstolos Pedro e João, que correram para o túmulo aberto; a esperança que ultrapassa a fé, mesmo quando ela lhe dá a preferência e a palavra; a fé professa e prega, a esperança costuma ser inaudível, a esperança reza com gemidos que não podemos expressar em palavras. Mas os apóstolos enviaram as mulheres para o túmulo, sobretudo Maria Madalena, as mulheres, que "falaram com os anjos" e que ouviram o Evangelho da esperança, formulado ao estilo de uma escatologia negativa: Por que procurais entre os mortos quem está vivo? *Ele não está aqui* (cf. Lc 24,5s.).

A palavra da ressurreição, aquele "ressurreto" misterioso, a pedra angular da fé cristã, não está ligada a quaisquer fantasias sobre como e quando isso ocorreu e sobre onde Ele estaria agora. O texto não recorre aqui a um "além"; sabemos apenas que a morte foi privada de seu poder, e nós, como os apóstolos, recebemos a promessa como *esperança* e *tarefa*: Eles recebem a ordem de voltarem para a Galileia, de abandonarem o lugar da morte e da tristeza e de voltarem para os seus primórdios – lá haverá uma continuação ("lá o vereis"). Mesmo que os apóstolos não acreditem muito nas mulheres e em seus testemunhos, mesmo que ainda paralisem a fé com suas dúvidas, a esperança já solta as amarras que prendem seus pés.

É a esperança que, após cada Sexta-feira Santa, corre para o túmulo na manhã seguinte; é a esperança que fala com os anjos; é a esperança que vence o túmulo, a morte e o inferno, todos os abismos ameaçadores do nada, que confessa: "Ele não está aqui". É a esperança que nos chama dos lugares da morte de volta para a vida: É lá que nós o veremos.

15
Para que precisamos de Deus?

Encontrei um diálogo interessante na obra de Bertolt Brecht. Um jovem pergunta a um sábio se Deus existe. Pergunte primeiro a si mesmo, responde o sábio, se a resposta a essa pergunta mudaria sua vida. Se sua resposta é negativa, a pergunta é desnecessária. Em caso positivo, posso ajudar-lhe pelo menos dizendo que você já se decidiu: Você precisa de um Deus.

Se ignorarmos o contexto e aquilo que sabemos sobre o autor, podemos interpretar esse texto de formas diferentes. Um Deus do qual *precisamos* é imediatamente suspeito de ser apenas o produto de uma necessidade, *nada além* do fruto de nosso desejo – ou seja, mera ilusão; foi assim que, como sabemos, Freud solucionou a pergunta sobre Deus e a religião.

Alguns ateus um tanto convencidos de si mesmos gostam de falar desdenhosamente de Deus e da religião como uma "muleta" (i.e., como instrumento para pessoas fracas, que eles, os fortes, *não necessitam*). Estou chegando a uma idade em que esse tipo de apoio se revela como algo perfeitamente útil, alguns de nós não conseguem ir muito longe sem ele. Mas cuidado com essa comparação um tanto apressada entre uma pessoa que crê e um deficiente. Vale aqui o paradoxo de que o ser humano, quando alcança a idade em que não despreza uma muleta física, *não precisa* mais de ajudas externas em questões espirituais (graças à sua experiência de vida, p. ex., ele compreende agora diversas passagens bíblicas que ele não entendia em sua juventude), enquanto uma pessoa física e psiquicamente ágil, que ainda não experimentou e aprendeu tanto sobre a vida e o mundo, dependem de ajuda alheia no campo espiritual caso não queiram permanecer ignorantes nessa área. A própria fé, porém, não é uma "muleta", é um caminho exigente, que, de vez em quando, inclui descidas e subidas íngremes – momentos em que uma boa e sólida bengala pode ajudar muito, como qualquer montanhista experiente pode confirmar. Deus não é uma muleta, mas as nossas concepções de Deus podem ser um apoio externo. Muitos instrumentos da religião podem ser esse tipo de apoio apropriado – contanto que as utilizemos e as rejeitemos na medida em que nos ajudem em nossos esforços de alcançar o objetivo ou obstruem o nosso caminho, como diz Inácio de Loyola em seus grandes exercícios sobre "todas as coisas criadas". Muitos instrumentos da religião pertencem a essa categoria "coisas do mundo"; Deus, porém, não.

"Para que serve a fé, por que o ser humano precisa dela?", pergunta-me o radialista numa discussão, supondo que eu aceite a deixa para me lançar em ataques evangelistas para convencer aqueles que não creem. Mas eu *não creio por que a fé serve para algo*, mas simplesmente porque estou convencido de que aquilo em que creio é verdade. Eu me recuso a falar sobre a fé como um comerciante que elogia as vantagens do produto que tenta vender.

Talvez, a minha vida seria mais simples, menos complicada e mais atraente sem a fé, sobretudo sem as obrigações morais que decorrem logicamente dela – semelhante a uma pessoa que desistisse de sua responsabilidade pelo próximo. Não comecei a crer porque "isso me serve para algo" ou para que "ela me dê algo", mas porque compreendi determinadas coisas e as aceitei com todas as consequências que disso resultam para a minha conduta. Caso uma pessoa chegue a uma convicção porque ela lhe traz algum lucro (e não estou falando apenas de vantagens materiais concretas), temo que ela já tomou uma decisão errada; quando uma "decisão em prol da fé" resulta de um cálculo, semelhante ao cálculo que faz antes de escolher sua profissão ou determinado partido político, essa decisão ocorre num patamar que não é alcançado pela verdade. Felizmente, não é assim que a fé viva e verdadeira chega ao ser humano. Ele não precisa avaliar e decidir, da mesma forma como não pode decidir se ele se apaixona ou não. Ele constata que já crê, assim como constata que está apaixonado; normalmente, é apenas depois disso que ele se pergunta como e quando isso aconteceu e busca razões para explicar por que isso não é tão louco quanto pode parecer às pessoas não religiosas ou não apaixonadas em sua volta (e, às vezes, a si mesmo). A despeito de todas considerações, o evento (o nascimento do amor ou da fé, sua origem e fonte verdadeira) permanece um mistério para ele; a despeito de todas as racionalizações, ele permanece oculto em profundezas que a razão não alcança (o que não significa que seja algo irracional ou insensato).

Em vez de refletir sobre como isso pôde acontecer comigo, é mais sensato entregar-se à reflexão lógica sobre as consequências dessa situação dada ("aqui estou, e não tenho opção") para a minha vida, que é necessariamente afetada por isso. E certamente é necessário dialogar com a razão e a consciência para discernir – o que pode ser muito difícil e doloroso – se estou lidando com um amor verdadeiro e uma fé verdadeira ou apenas com uma "paixão", como um senhor na meia-idade que fica fascinado com a secretária mais nova ou como um cristão cansado que é seduzido pela dinâmica de uma seita ou pelo olhar ardente e a voz cativante de um profeta.

Por que o ser humano precisa de "um Deus"? Simplesmente, porque o ser humano é "religioso" em sua essência. Ele não consegue não se referir àquilo que o transcende (mesmo que as concepções de sua natureza e do modo dessa referência possam ser fundamentalmente diferentes). O ser humano "precisa", por isso, de Deus, para que ele não satisfaça sua "necessidade religiosa" com a ajuda de algum objeto substituto, com "um deus qualquer", hoje em dia, com a ilusão muito comum de ele mesmo se ver como Deus.

Muitos analistas da cultura contemporânea concordam que vivemos numa cultura do *narcisismo*[62]. Tenho certeza de que esta (muito mais do que o "progresso científico" etc.) seja a causa principal do ateísmo atual (e também do "ateísmo pragmático" não assumido de muitas pessoas que se consideram religiosas). Deus combina muito mal com a divindade do ser humano. O ateísmo do passado, sobretudo do século XIX, contribuiu muito para o desenvolvimento dessa mentalidade narcisista. Quando Feuerbach declarou que Deus era uma projeção da parte alienada da nossa existência humana e sugeriu pôr um fim a essa projeção, ele não deve ter previsto que o resultado não seria uma existência humana mais harmoniosa, mas um ego doente e inflado que deifica a si mesmo. A história das tentativas de realizar aquele passo de Feuerbach para a destruição de Deus por meio da deificação do ser humano – desde o "sobre-humano" de Nietzsche (e principalmente a maneira como muitos de seus admiradores não muito inteligentes compreenderam essa visão ambígua de Nietzsche), até o "homem novo" dos regimes totalitários e os super-homens da cultura popular atual – é uma manifestação vergonhosa das caricaturas por vezes trágicas, por vezes cômicas de Deus e do homem.

O aspecto verdadeiramente perigoso do narcisismo não é que ele nos torna arrogantes, vaidosos e presunçosos, pois isso nos faz parecer apenas caprichosos; a armadilha trágica do narcisismo – como mostra de forma convincente o próprio mito de Narciso – é que ele pode levar o ser humano a perder seu verdadeiro Eu, que ele o afogue em sua concepção equivocada de si mesmo e destrua o mistério da *verdadeira* beleza e grandeza humanas.

Aqueles que proclamam o sobre-humano ou esperam o "novo homem", partem, suspeito eu, de uma intuição correta, profunda e aguçada (apenas de modo excessivamente bruto) segundo a qual

---

62. P. ex., LASCH, C. *The Culture of Narcissism*. Nova York, 1978, entre outros.

o "ser humano é mais do que um ser humano". O ser humano é imagem de Deus – e como sabe a teologia patrística dos ícones, que é impregnada pela teoria da imagem platônica[63], essa imagem não está apenas "diante" de seu original, mas *participa dele de forma misteriosa* (*methexis*).

Mas o ser humano "se torna" também "aquilo que ele adora", como sabiam muito bem os profetas e os Salmos; segundo a Bíblia, os produtores de ídolos perdem seu espírito, enquanto aqueles que renegam a fama e confiam no Senhor encontram nele o seu ajudante e seu escudo (cf. Salmos 115,1-11).

∽

Precisamos de Deus principalmente para entender que *nós não somos Deus e não devemos nos comportar como se fôssemos Deus*. O rabino Lawrence Kushner – seguindo os passos do lendário rabino chassídico Menachem Mendel (1787-1859) de Kotzk – interpreta toda a fé judaica sob o ponto de vista de uma única declaração do Senhor: *Eu sou Deus, tu não*. A pedra angular da aliança do Sinai consiste em duas sentenças: Eu sou o Senhor, teu Deus. [...] Não terás outros deuses além de mim"; todo o resto, acredita ele, é um comentário humano sobre isso[64]. Deus está aqui, mas nós não o vemos porque a nossa atenção está voltada apenas para nós mesmos. "A vida religiosa exige prestar atenção constante nos esquemas do nosso ego (daquele pequeno Eu), que tanto deseja ocupar o lugar da deidade"[65]. Menachem Mendel ensinava: "Deus só pode ser Deus se ele não for você".

Portanto, uma conversão verdadeira não consiste na constatação do fato de que Deus existe, mas apenas na conscientização existencial

---

63. ...e como começa a descobrir a filosofia pós-moderna contemporânea. Cf. a distinção entre ídolo e *eidos* em Jean-Luc Marion.
64. KUSHNER, L. *Na tomto místě byl Buh a Já, já jsem to nevedel* [Neste lugar estavam Deus e eu, e eu não sabia]. Praga 2005, p. 42.
65. Ibid., p. 46.

dessa descoberta, que me faz descer de seu trono no qual eu tinha me acomodado em minha arrogância ingênua.

A fé consiste na *esperança da libertação* do cárcere mais escuro no qual o homem pode ser lançado, do cárcere do seu próprio Eu, da fixação em si mesmo e da mania sem saída de girar em torno de si mesmo. Uso a palavra *esperança* de forma consciente, porque raramente (p. ex., por meio do ato de uma conversão dramática) somos libertos desse cárcere uma vez por todas; muitas vezes voltamos para ele. Às vezes, o egocentrismo de uma pessoa é tão forte que ela consegue integrá-lo também em sua vida religiosa.

A mensagem do Evangelho nos transmite a esperança de que "Deus é maior do que nosso coração", de que venceremos a luta dessa vida a despeito de todas as derrotas, de que seremos conquistados por Deus. Por isso, sempre compreendi a doutrina do purgatório como uma promessa cheia de amor, como esperança de que nem mesmo o gol da morte encerrará a nossa luta com Deus pelo primeiro lugar, de que o nosso ego acabará se submetendo e Deus vencerá em nós. Mas é provável que isso só será possível se não nos identificarmos tanto na nossa vida com nosso pequeno Eu, se conseguirmos, pelo menos de vez em quando, observar essa luta com certa distância e não tomarmos partido apenas por um lado, o nosso; se conseguirmos (talvez com certa distância temporal) nos alegrar com o fato de que a vontade de Deus venceu sobre a nossa.

O ser humano precisa de Deus para que ele transforme a sua vida. Para aqueles que se opõem a essa verdade, porque sua concepção inconsciente de Deus lhe dá medo, poderíamos traduzir isso também da seguinte forma: Quando o ser humano muda sua vida radicalmente para o bem, Deus está sempre presente (às vezes, também de forma anônima). Sim, vivenciei casos em que as pessoas não encontraram a fé para então melhorar a sua vida, mas que pessoas transformaram sua vida em algo bom para apenas então descobrir a presença de Deus em sua vida (e, em retrospectiva, também naquela virada em sua vida). E naturalmente conheço também aqueles que nem assim descobriram Deus, que não se "converteram"; tenho, porém, a esperança de que eles, talvez apenas quando atravessarem o limiar dessa vida – naquele momento, em que Deus revelará todos os anonimatos de sua presença nas biografias humanas – terão aquela grande surpresa de que também eles sentirão aquela grande alegria que ninguém pode tirar de nós.

⁓

Precisamos de Deus também para domar a tentação constante, que consiste em julgar a fé do próximo, pois isso gera conflitos e pode resultar no ódio de um grupo e em violência religiosamente legitimada. A intolerância religiosa é, muitas vezes, expressão de um narcisismo grupal. "Tolerância não é uma virtude de pessoas que não creem em nada", escreveu Chesterton, e o Rabino Sacks acrescenta: "É uma virtude de pessoas que creem incondicionalmente que cada indivíduo possui direitos como criatura de Deus, independentemente do caminho da salvação que tenha escolhido"[66].

A despeito da mentalidade de um relativismo irrestrito, que gosta de se apresentar como única garantia da tolerância, eu acredito que a religião na qual eu creio é verdadeira[67]. (Eu seria um tolo ou uma pessoa desonesta se eu seguisse algo do qual não teria certeza de que é verdade.) Não preciso acreditar que todas as religiões são igualmente verdadeiras e igualmente valiosas. Seríamos cegos se – em nossa tentativa de seguirmos a ideologia do politicamente correto – quiséssemos ignorar o fato de que alguns fenômenos no âmbito religioso produzem frutos bons; e outros, frutos perigosamente ruins.

Certamente me exponho ao risco do equívoco quando penso sobre o conteúdo da fé do meu próximo, que se diferencia fundamentalmente do meu próprio, que ele não é verdadeiro; mas eu posso

---

66. SACKS, J. *The Persistence of Faith*. Londres/Nova York, 2005, p. 81.

67. Mas se minha fé se referir a Deus como mistério inesgotável, que eu não posso "possuir", mas apenas buscar e "viver" apenas nessa busca, então jamais posso ser "dono da verdade", mas posso andar e *ser* nela – justamente pelo fato de eu a procurar incessantemente e tentar compreendê-la cada vez mais "por meio do experimento da minha vida". Já Santo Agostinho esteve ciente desse fato fundamental.

correr esse risco de encontrar razões suficientemente boas para isso. Mas se eu quiser julgar a sinceridade do *ato* da fé do próximo – isso já é um pecado, pois eu assumo o papel de Deus, pois apenas a Deus cabe ver o santuário, a consciência, de uma pessoa concreta.

Deus deu a liberdade ao ser humano. Essa liberdade inclui a possibilidade de escolher livremente o caminho da fé. Nenhum ser humano pode negar essa liberdade ao outro. Cada um precisa assumir pessoalmente o risco de não escolher o caminho "objetivamente" correto e errar o propósito com o qual Deus ocultou do ser humano essa gama infinita de possibilidades. No entanto, posso me convencer cem vezes de que meu próximo tomou a decisão errada (e certamente posso conversar com ele sobre isso e tenho o direito – e, de certa forma, a obrigação – de lhe dar testemunho da minha escolha, da minha fé), mas o *juízo final* sobre isso sempre cabe a Deus. Pois na fé de qualquer pessoa é impossível separar estritamente os aspectos "objetivo" e "subjetivo", o conteúdo da fé e o ato da fé; além disso, cada fé viva é um caminho, um processo de amadurecimento, que contém elementos conscientes e inconscientes – aqueles que se acostumaram a descrever a religião de forma acadêmica como "sistema" deveriam tomar conhecimento do fato de que, no caso da fé viva de uma pessoa, é preciso ser moderado em seu juízo.

A certeza da minha fé também está ligada à *esperança* de que eu compreendi corretamente a fala divina; e se eu levar a sério o meu Deus como mistério que transcende todas as gerações da humanidade não posso desistir da *esperança* de que Deus aceita também a maneira como meu próximo entendeu seu chamado.

A tolerância superficial que resulta do dogma do relativismo, de que "todas as religiões são iguais", de que "cada uma possui sua verdade (igualmente valiosa)" e de que vale o lema: *anything goes* (tudo vale), é simples, ela não custa nada, mas também não tem qualquer peso – pois é expressão de uma *indiferença* não admitida em relação ao próximo e sua verdade. Para essa ideologia, a verdade é uma questão decidida! Vejo, porém, um fundamento verdadeiro para o convívio no respeito àquela verdade que é um mistério que tudo transcende, àquela verdade que é o próprio Deus, àquela verdade que todos nós buscamos por caminhos *diferentes*. Vejo o fundamento na paciência da esperança que nos permite suportar o desconhecimento em relação a como Deus julga: se já nos aproximamos da nossa meta ou se ainda estamos distantes dela; avançamos na esperança (não na certeza) de que a revelação de toda a verdade será uma surpresa feliz para cada um de nós. Deus nos deu muitos universos de fé, para citar mais uma vez o rabino Sacks, mas apenas um mundo, no qual precisamos conviver uns com os outros.

Eu já mencionei a opinião segundo a qual o primeiro mandamento do Decálogo, "Eu sou o Senhor, teu Deus [...] não terás outros deuses além de mim", é tão central que é possível ver todo o restante da aliança do Sinai como um comentário humano sobre essa declaração divina. Mas como corresponde à sabedoria do Talmude judaico, podemos lembrar com a mesma seriedade o significado do final dos Dez Mandamentos: *Não cobiçarás* (a esposa, a casa, os bens do teu próximo). Tenho, muitas vezes, me perguntado se esses mandamentos não seriam apenas uma repetição supérflua dos mandamentos anteriores ("Não adulterarás" e "Não furtarás"). Quanto mais velho fico mais eu me conscientizo da importância desses dois últimos mandamentos e da arquitetura maravilhosa do Decálogo como um todo, no qual o início e o fim apresentam uma correspondência profunda e fundamental. Pois os dois últimos mandamentos ultrapassam o nível dos atos e passam para o interior, para o coração, para o reino das intenções e o santuário da consciência, para as *raízes* dos nossos atos, palavras e omissões. Se existe algum lugar sagrado para o encontro profundo das religiões abraâmicas com o budismo, ele se encontra aqui: A ênfase dada ao "Não cobiçarás" corresponde aqui à mensagem fundamental do budismo, da libertação dos desejos, das dependências.

Tenho certeza de que o mandamento "Não cobiçarás" é de importância central para o nosso tema, para as nossas meditações sobre a esperança. Só podemos encontrar a esperança, aquela esperança divinamente nua, sobre a qual refletimos aqui, quando ela se despe das vestes dos nossos desejos, quando ela não estiver mais coberta com a poeira da futilidade das nossas ilusões, das nossas projeções, dos nossos desejos e das nossas utopias. Apenas quando ela se despir dessas vestes, ela pode entrar no batistério, na água do batismo. Apenas então podemos falar de uma esperança cristã. E aqui se revela também a diferença mais radical entre o cristianismo e o budismo. O budismo termina com a libertação de todos os "desejos", com a destruição de todos os anseios; o cristianismo começa com o nascimento da esperança das ruínas dos desejos[68]. Por meio de Cristo "o mundo está crucificado para mim e eu para o mundo" (Gl 6,14) – justamente para que eu seja ressuscitado dentre os mortos juntamente com Cristo.

Os desejos, os anseios, sim, até mesmo as projeções, as "imagens", as ilusões e as utopias fazem parte da existência humana, e em determinadas fases da vida o ser humano não pode viver sem eles, como uma criança não pode viver sem o mundo dos contos de fada e dos brinquedos; mas então vêm as *crises, as grandes chances da vida.* A forte tempestade das diversas situações de crise pode, de um momento para o outro, arrancar todas essas coisas como as folhas da árvore. De repente, nós nos parecemos com uma árvore de galhos despidos e muitas vezes quebrados, ou até mesmo com uma árvore desarraigada. "Arrancou minha esperança como uma árvore", disse Jó (Jó 19,10). Mas ele disse também: "Para a árvore existe esperança: quando cortada, ainda se renova e não cessa de lançar seus rebentos. Ainda que envelheça sua raiz na terra e o tronco esteja

---

68. Estou, porém, ciente do fato de que *certa interpretação* da liberdade budista de todos os desejos e *certa interpretação* da compreensão cristã da esperança escatológica como uma esperança radicalmente "sem objeto" (pois Deus e a eternidade não são "objetos") se encontram de forma interessante; o debate sobre a legitimidade dessa interpretação ultrapassa as possibilidades e o tema deste livro.

amortecido na poeira, ao sentir a água reverdece e produz folhagem como planta nova" (Jó 14,7-9). Mas o que fará o ser humano? (Nessa parte de seu lamento, Jó não vê muita esperança para ele.) Numa situação dessas, o ser humano pode tentar agarrar-se aos seus anseios, transformá-los em um "fetiche" (o instrumento do consolo falso), convencer-se de que o passado ainda não morreu, ou ele pode se entregar ao "realismo e pragmatismo", que, na verdade, nada mais é do que um disfarce para o cinismo e para a resignação daquelas pessoas que consideram a esperança algo simples e manuseável. Muitas vezes, o ser humano consegue encontrar objetos substitutos para os seus desejos, sejam eles de natureza material ou social (a "sociedade ideal", o céu na terra) ou religiosa (ideias "demasiadamente humanas" ou excessivamente concretas sobre a vida após a morte, sobre o céu, o inferno, o purgatório). Mas os desejos de "objetos", anseios que visam a "objetos" de todo tipo, nunca passam de *anseios* – uma mudança dos objetos do anseio não é uma conversão real do anseio para a esperança.

O anseio sempre possui uma meta, ele sempre possui já em algum lugar sua morada preparada por planos humanos ou fantasias, ele possui seu céu preparado ou sonhado por humanos (na terra ou no além); "ele já tem sua recompensa". Anseios possuem uma toca, mas a esperança se apresenta como um "sem-teto" ao lado das ofertas do mundo e do além; ela sofre o mesmo destino do nosso Senhor, o Filho do Homem, que não tinha onde descansar sua cabeça. A esperança não possui objeto. A esperança verdadeira já não visa mais a uma *coisa*, por mais sagrada que fosse; ela visa apenas a Deus, que não é uma "coisa".

A esperança pode, deve e até mesmo precisa apoiar nossos esforços humanos de vencer os desafios do dia a dia, de levantar após cada derrota e decepção e continuar em nosso caminho. Mas ela não pode se identificar com uma dessas funções e não deve se esgotar nelas. Após alcançar uma das metas, ela precisa permanecer aberta; não existe nada no mundo que pudesse matar sua sede do absoluto. A esperança acompanha o caminho do ser humano como aquela inquietude sagrada do coração sobre a qual Agostinho escreveu: *"Tu nos fizeste para ti, e nosso coração está inquieto enquanto não encontrar descanso em ti"* (Confissões I, 1,1).

❧

Já falei da "fé pequena", miúda como uma semente de mostarda, daquela fé pequena que – segundo as palavras de Jesus – é capaz de mover montanhas. Ressaltei que apenas uma fé *pequena* consegue ativar essa força, uma fé liberta ao máximo dos sedimentos das teorias, concepções ou até mesmo do apoio do poder humano; uma fé que, aos olhos do mundo, parece ser pequena, fraca e tola. Mas precisamos dizer com São Paulo: "o que se julga loucura de Deus é mais sábio do que os homens; e o que se julga fraqueza de Deus é mais forte do que os homens" (1Cor 1,25).

Hoje acrescento que essa fé pequena, para que ela possa realizar seus grandes atos e nos conduzir para a nossa salvação, depende de um grande anseio e de uma esperança forte. Uma esperança que não se apoia nas "coisas do mundo" e não se agarra a elas, uma esperança que nos liberta da necessidade de nos agarrar a elas e que nos liberta de sua dependência. Precisamos daquela esperança que guiou os passos do nosso pai Abraão quando ele ouviu o chamado do Senhor e "saiu [...] sem saber para onde ia" (cf. Hb 11,8).

❧

"Que lugar há em mim para receber o meu Deus?", pergunta Agostinho. Creio que a resposta de Deus seja: É a tua esperança.

Escrito na eremitagem na Renânia em julho e agosto de 2009.

CULTURAL

Administração
Antropologia
Biografias
Comunicação
Dinâmicas e Jogos
Ecologia e Meio Ambiente
Educação e Pedagogia
Filosofia
História
Letras e Literatura
Obras de referência
Política
Psicologia
Saúde e Nutrição
Serviço Social e Trabalho
Sociologia

CATEQUÉTICO PASTORAL

Catequese
Geral
Crisma
Primeira Eucaristia

Pastoral
Geral
Sacramental
Familiar
Social
Ensino Religioso Escolar

TEOLÓGICO ESPIRITUAL

Biografias
Devocionários
Espiritualidade e Mística
Espiritualidade Mariana
Franciscanismo
Autoconhecimento
Liturgia
Obras de referência
Sagrada Escritura e Livros Apócrifos

Teologia
Bíblica
Histórica
Prática
Sistemática

REVISTAS

Concilium
Estudos Bíblicos
Grande Sinal
REB (Revista Eclesiástica Brasileira)
SEDOC (Serviço de Documentação)

VOZES NOBILIS

Uma linha editorial especial, com importantes autores, alto valor agregado e qualidade superior.

VOZES DE BOLSO

Obras clássicas de Ciências Humanas em formato de bolso.

PRODUTOS SAZONAIS

Folhinha do Sagrado Coração de Jesus
Calendário de mesa do Sagrado Coração de Jesus
Agenda do Sagrado Coração de Jesus
Almanaque Santo Antônio
Agendinha
Diário Vozes
Meditações para o dia a dia
Encontro diário com Deus
Guia Litúrgico

CADASTRE-SE
www.vozes.com.br

EDITORA VOZES LTDA.
Rua Frei Luís, 100 – Centro – Cep 25689-900 – Petrópolis, RJ
Tel.: (24) 2233-9000 – Fax: (24) 2231-4676 – E-mail: vendas@vozes.com.br

UNIDADES NO BRASIL: Belo Horizonte, MG – Brasília, DF – Campinas, SP – Cuiabá, MT
Curitiba, PR – Fortaleza, CE – Goiânia, GO – Juiz de Fora, MG
Manaus, AM – Petrópolis, RJ – Porto Alegre, RS – Recife, PE – Rio de Janeiro, RJ
Salvador, BA – São Paulo, SP